THE SILK ROADS

ジョーディー・トール［著］
GEORDIE TORR

岡本千晶［訳］
CHIAKI OKAMOTO

A History of the Great Trading Routes Between East and West

シルクロード ［ヴィジュアル版］
歴史大百科

原書房

中国とインドを結ぶ旧シルクロードをたどって続く、インド北東部シックム州の長く曲がりくねった道。

126ページ参照

［ヴィジュアル版］
シルクロード歴史大百科

献辞

本書をケイト、サラ、ゾーイに捧ぐ。

謝辞

ヴァネッサ・ダウブニー、ダニエル・コンウェイ、ジョン・チューリング、キャロリン・フライ、ヘイゼル・サウサンに感謝をこめて。とりわけキャサリン・ルービンスタインに感謝の意を表する。

[ヴィジュアル版]
シルクロード歴史大百科

2019年9月26日　初版第1刷発行

著者
ジョーディー・トール

訳者
岡本千晶

発行者
成瀬雅人

〒160-0022 東京都新宿区新宿1-25-13
電話・代表03-3354-0685
http://www.harashobo.co.jp
振替・00150-6-151594

ブックデザイン
小沼宏之[Gibbon]

印刷
シナノ印刷株式会社

製本
東京美術紙工協業組合

©Office Suzuki, 2019
ISBN978-4-562-05681-1
Printed in Japan

THE SILK ROADS by GEORDIE TORR
Copyright © ARCTURUS PUBLISHING LIMITED
www.arcturuspublishing.com

Japanese translation rights arranged with
ARCTURUS PUBLISHING LIMITED
through Japan UNI Agency., Tokyo

はじめに——010

1 シルクロードの起源 012

2 シルクロードの発達 032

3 シルクロードの黄金時代 060

4 海のシルクロード 084

5 シルクロードの終焉 114

6 再発見 138

7 シルクロードの交易 166

8 知恵や知識の交換 186

9 シルクロードの生態学 212

10 シルクロードの美術 236

シルクロードの復活——246

参考文献——250
索引——251
図版クレジット——254

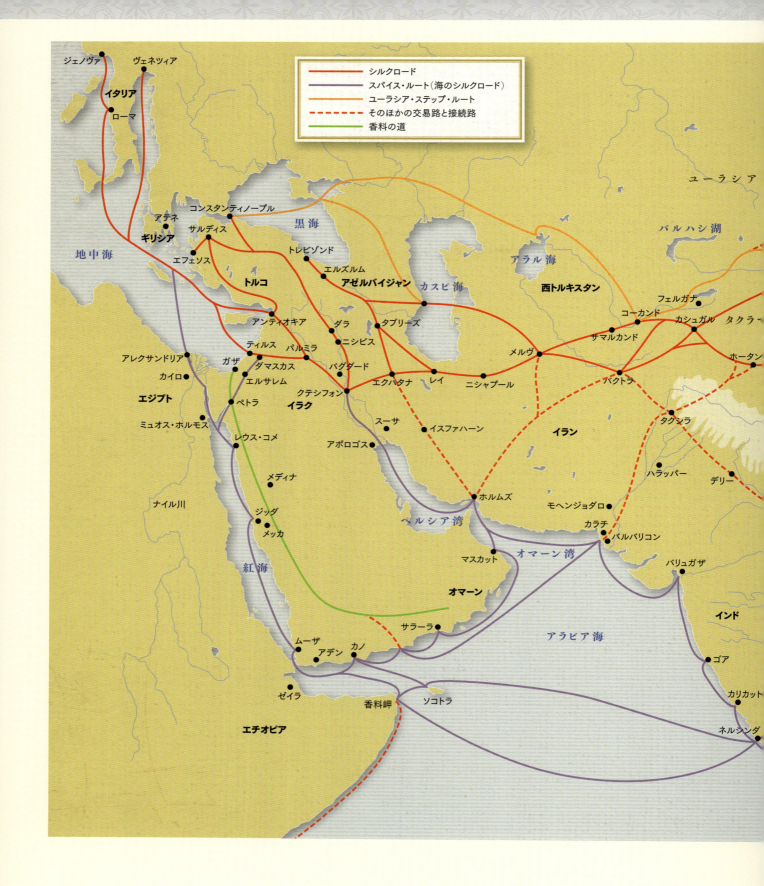

［上］古いシルクロードのさまざまな陸路と海路を示した地図。

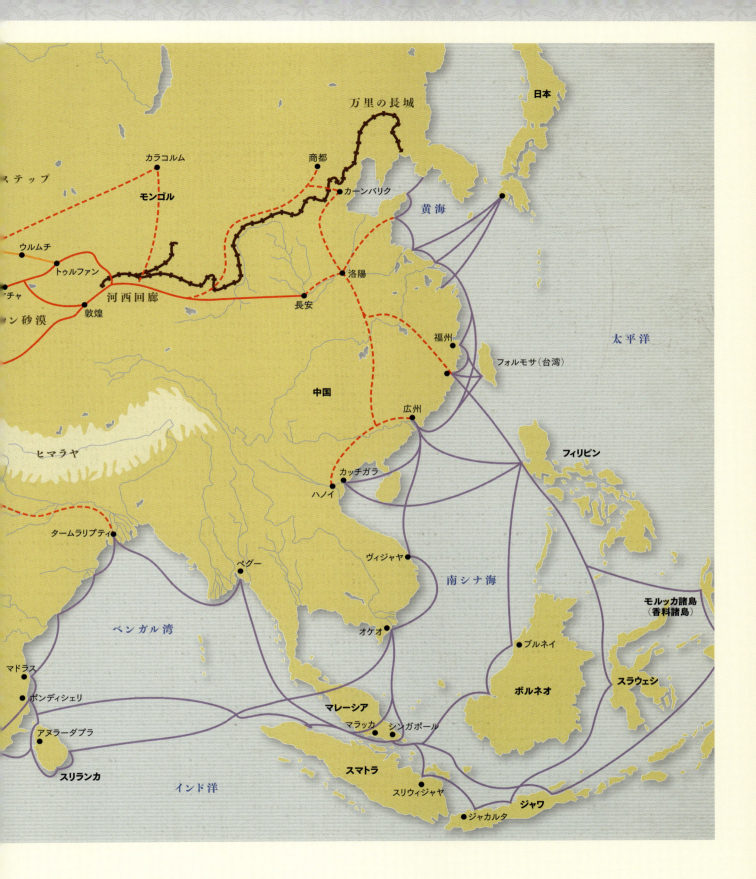

はじめに

シルクロードは人類史上、最も重要な幹線道だったと言えるだろう。この道を巡って数々の戦がなされ、この道を閉ざさずにおくために苦肉の策が取られてきた。無数の商人や宣教師、使節や追いはぎ、皇帝や王や王妃、農民たちが足を踏み入れたことにより、この道はぜいたく品の交易、略奪軍の移動、恐るべき病の伝播を促す経路となり、繁栄と厄災の両方をもたらした。しかし何よりも重要なのは、シルクロードが思想の動脈でもあったこと、ユーラシア全土で文化や技術の交流を牽引する役割を果たしたことだろう。中国と中東を結び、主として東西に走るシルクロードだが、その影響はさらに遠く離れた地域にも拡大した。

シルクロード（Silk Road）とは、19世紀後半に作り出された言葉にすぎず、この呼び名はいろいろな意味で間違っている。第一に、これは1本の道（road）ではなく、進路が絶え間なく変化する道路網であり、多くの場合、荒涼とした地域を通る、かろうじて見分けがつくような小道のネットワークだった。第二に、ローマ帝国が中国の絹を手に入れようとしたことにより、この道路網の初期の交易は大いに弾みがついたが、これらの道は絹以外にも、スパイス、香料、宝石をはじめ、馬、磁器、武器に至るまで、多くのものを運んでいた。最後に、陸路は海のシルクロードへとつながり、最終的には、インド洋沿岸の港をつないで地中海へと通じるこの海路に取って代わられた。

シルクロードについて語る場合、中央アジアおよび中国領トルキスタンを走る中核地域——タクラマカン砂漠およびパミール高原周辺——に焦点が当てられることがある。だが文脈が異なれば、地中海から東シナ海沿岸のはるかに広いユーラシア全域を含め、中東や中国の中央部、さらにはインドやシベリアについても、より詳しく検討するのが妥当となる場合もある。本書ではこうした流動性を加味し、検討する話題の側面に応じて目線を移していく。

シルクロードの存在は、商業主義に走りがちな人間の性分と、中央アジアの地形がもたらした結果である。つまり山脈に砂漠という恐るべき組み合わせを有する地形により、東西交易に利用できるルートの選択肢が限定されたのだ。数千年をかけて形成されたこの交通路は、中国唐王朝時代の西暦1千年紀の終わりにかけて黄金期を迎えたが、交易商人たちがあまり険しくないルートへ回るようになり、いにしえのラクダの足跡を砂漠が跡形もなく覆い隠してしまうと、いつしか忘れ去られていった。

19世紀に再発見されて以来、陸のシルクロードの伝説的交易路は、大衆の想像力を刺激し、乾いた砂漠、肥沃な渓谷、危険な峠、ぽつんと現れるオアシスの集落、皇帝の都、大規模なラクダのキャラバン（隊商）、遊牧民の軍隊、独り旅の巡礼者のイメージを呼び起こしてきた。ソ連崩壊に続く中央アジアの開放にともない、シルクロード観光が急成長を始めている。

21世紀に入り、世界がますます相互につながるようになると、シルクロードは息を吹き返してきた。その歴史的遺産の価値が国連に認められ、すでに新たな鉄道網が確立しており、中国は一連の古代ルートを再開させるという野心的な（コストのかかる）計画に着手している。史上最も壮大な物語の新たな章の始まりだ。

[右] ラクダのキャラバンが描かれたトルコの壁飾り。シルクロードでよく見られた交易を思い起こさせる。

はじめに

1 シルクロードの起源

シルクロードの起源

シルクロードのさまざまな支線や、それ以前に使われていた道が通っていた広大な地域には、危険な砂漠や広範囲にわたる草原から高山帯、そのふもとの丘陵地帯に至るまで、多様性に満ちた環境が含まれている。寒々とした北部の森林は、半乾燥気候のステップ(大草原地帯)に取って代わられ、その草原もやがて、中央アジアの砂漠——タクラマカン、ゴビ、カラクム、キジルクム——へと姿を変える。

❖ 自然地理

この地帯は山脈——アルタイ山脈、パミール高原、天山山脈、カラコルム山脈、崑崙山脈——によって分割されている。標高4000mのところまで来ると、驚くほど多数の峰に囲まれ、人類史上の初期に、基本的に自給自足をしていた一連のエリアが形成されている。どの海からも遠く、湿った風が届かないため、これらのエリアは降水量が乏しい。湖や川、湧き水のあるオアシスがいくつかあるものの、たまり水は乏しいのが普通だ。山から流れ出るわずかな川がもたらす水の量はたかが知れており、農業をするには水が不足していたため、定住は制限された。

このように、険しい山脈、荒涼とした砂漠、資源

[右]西シベリアと北西モンゴルにまたがるアルタイ山脈など、巨大な山地を取り囲んでいたシルクロードの地勢。

紀元前5000–3000年	紀元前3000–1300年	紀元前1300–1000年	紀元前1000–400年
❖ 紀元前4500年ごろ 銅器時代のはじまり。	❖ 紀元前3000年ごろ 車輪付き輸送手段の発達。	❖ 紀元前1300年ごろ 馬を中心とする戦闘の発達。	❖ 紀元前900年ごろ 遊牧民が、定住した農業コミュニティへの攻撃を始める。
❖ 紀元前3500年ごろ 馬とフタコブラクダの家畜化、馬を中心とするユーラシア・ステップの牧畜文化。	❖ 紀元前2000年ごろ ステップ・ルートと玉およびラピスラズリの道が稼働。	❖ 紀元前1046年ごろ 周王朝が始まる。	❖ 紀元前600年ごろ ステップ全域に乗馬が普及する。
❖ 紀元前3300年ごろ 青銅器時代のはじまり。	❖ 紀元前1800年ごろ 南部で定住が始まり、北部で遊牧民の牧畜文化が発達する。	❖ 紀元前1000年ごろ ステップ全域に遊牧生活が広がり、馬を中心とする戦闘が一般化する。	❖ 紀元前550年 ペルシア帝国(アケメネス朝)が始まる。

紀元前400-250年

❖ **紀元前500年ごろ**
ペルシアの王の道が完成。

❖ **紀元前400年ごろ**
弓術と乗馬を組み合わせた騎兵が登場する。

❖ **紀元前336年**
アレクサンドロスが20歳でマケドニアの王となる。

❖ **紀元前330年**
アレクサンドロス大王がアケメネス朝を滅ぼす。

❖ **紀元前323年**
アレクサンドロス大王没。

❖ **紀元前312年**
セレウコス朝が始まる。

紀元前250-220年

❖ **紀元前250年**
バクトリア王国が始まる。

❖ **紀元前247年**
パルティア帝国が始まる。

❖ **紀元前221年**
秦王朝が中国を統一する。

シルクロードの起源

の全般的不足、とりわけ水不足が組み合わさった結果、中央アジアでは集落の形成はもちろんのこと、そうした集落を結びつけるルートに関しても選択肢が限られていた。景観と気候の多様性は、ユーラシア大陸全体の文化的発達が、スピードの点でも発達経路の点でも多様であったことを意味する。自然地理がシルクロードを形作ったのだ。

❖ 人文地理

現世人類は、おそらく4万年ほど前にユーラシアへの移動を開始したのだろう。その後、紀元前9000年ごろから徐々に、これら初期の狩猟採集民に代わって中東からの移住者がやってきて、原始的な農耕の知識をもたらした。

しかしステップの北部地域は農耕民が住むには適さないことがわかった。雨が少ない、降雨量の予測ができない、水の蒸発率が高いという気象条件と土地がやせていること、当時の農業技術レベルの低さが相まって、農耕は不可能ではないにしろ、難しいものとなった。それでもステップには大量に存在するものがひとつある。草だ。しかも古い草ばかりでなく、非常に栄養価の高い草がある。というわけで、ステップは家畜の放牧が発達するにふさわしい環境となった。やがて、南北地域の地理的な差によって、北側の地域は主として遊牧民に占められ、南側の地域は定住農耕民が暮らすようになったが、決して両者のあいだに明確な区別があったわけではない。

これら北側のステップに、人類史上最も重大な革新がもたらされた。紀元前3500年ごろ、(現在のカザフスタン北部にいた)ステップの牧畜民たちが馬を家畜化する方法を見出したのだ。その後500年ほどのあいだに、この技術は定住化を進めていたトルクメニスタンのグループへと広まった。同じころ、おそらく現在のロシア南部で、フタコブラクダの家畜化がなされたと考えられている。紀元前3千年紀から紀元前2千年紀までに、ラクダは役畜として広く用いられていた。動物の家畜化は、農産物や交易品の運搬手段をもたらした。と同時に、家畜は移動手段や食肉として、また戦争の武器としても活用することができた。

次にもたらされた重要な革新は車輪付きの輸送手段で、これは紀元前4千年紀の終わりにかけて、西アジアで開発され、紀元前3千年紀の前半に中央アジアに広まったと考えられている。ステップ地域に初めて登場した時期は、紀元前3千年紀後半にさかのぼる。後期青銅器時代から紀元前2千年紀の終わりにかけて、トルクメニスタン南部にさらなる革新がもたらされた。その中で最も注目すべきはスポーク付きの車輪の発明だ。それにより、馬で引く二輪

［上］トルクメニスタン原産の馬、アハルテケ。祖先は3000年以上前までさかのぼることができ、ステップ北部の牧畜民が最初に家畜化した馬の子孫である可能性が高い。

［右ページ］アフガニスタン、バルフのグリーン(サブズ)モスクは、15世紀に東ティムール帝国を統治していたシャー・ルフの依頼で建立されたと思われる。当時、帝国は、絹の交易網のかなりの部分を支配していた。

シルクロードの起源

戦車チャリオットなど、軽量の乗り物が作られるようになり、戦争で重要な役割を果たすようになった。

車輪付きの輸送手段を用いることで生産性は著しく向上し、農耕民が収穫物を運び入れたり、牧畜民が牛や羊やヤギを新しい牧草地へ追っていったりすることが楽になった。結果として、遊牧民の牧畜文化が発達し、ユーラシア・ステップ全体の主流となっていった。また、農業社会内部の人口圧力によって、農耕地域の端で暮らしていた不安定な集団がよりよい環境を求めて移動を余儀なくされ、これも移住や遊牧生活への移行を促す一因になったと考えられる。

おそらくシルクロードの発達にとってさらに重要だったのは、車輪付きの輸送手段が生まれた結果、人々がそれまでよりもはるかに遠くまで移動できるようになり、より多くの人たちと接触を持ったことだ。これにより、遠方地域との文化交流が深まり、交易が促進されたのだろう。軽量のチャリオットのおかげでかなりの量の原材料を移動させることも可能になった。メソポタミア南部の古代都市ウルで出土した紀元前1800年ごろの文字テキストには、一度に重さ20トンの銅を集荷したとの言及がある。

人口が増えるにつれ、必要な食糧も増えていく。ということは、家畜の群れも増えていく。過放牧が問題となり、コミュニティは20年に1回程度、放牧されていない新しい草地を求めて数十キロの移動を余儀なくされるのが普通だった。遊牧民は、移動放牧も行っていて、1年に数回、季節ごとに高度の異

[左]追い集められていくインド北部のヤギの群れ。シルクロードの早い時期に家畜がどのような環境で移動させられていたのかがよくわかる写真。

[上]家畜化されたフタコブラクダは、荒涼とした砂漠はもちろん、高山や寒い草原を越えて物資を運ぶのにも用いられた。

シルクロードの起源

なる草地を行ったり来たりしていた。興味深いことに、シルクロードの交易商人が通った多くのルートは、初期の遊牧民たちが利用したルートと一致している。

　移動型の牧畜の確立にともない、遊牧民は長距離の移住ができるようになった。広大な土地の全域で、緩やかに組織された文化的コミュニティが形成され、それぞれのコミュニティが互いに交流し、物を取引し、南部の定住集団をときおり襲撃していた。家畜の群れを守り、新しい領土を征服するには軍事文化が必要となり、それにともなって彼らのつながりと勢力は広範囲に及んでいった。

　また、移動型の家畜経済は、群れの動物が売り買いできる商品になるが、盗まれてしまう可能性もあることを意味していた。おそらくこれがひとつの要因となって、集落とともに防御壁が建設されたのだろう。移住が競争になるにつれ、限られた資源を巡ってグループ間の支配権争いが始まり、衝突の頻度が高まってきたことも、集落に防備が必要になったもうひとつの理由だ。

　地球の気候は温暖化と寒冷化を不規則な周期で繰り返している。ユーラシア全体に人間が広まっていったころ、この気候周期は農耕や牧畜に適した時期を迎えており、暖かさと降雨量が増したことからステップの草地はいっそう青々として、農産物の生産力も上がった。多くの場合、こうした温暖期は、遊牧民が結束して定住エリアに攻め込んでいった時期と一致する。寒冷期には、農耕も牧畜も限界に近づき、人間は、より温和な環境の地域へ移住するか、何らかの方法で新しいやり方を取り入れることを強いられた。

　全般的に見ると、こうした気候と人口動態との関連が、シルクロードの発展における大きな要因となっている。気候変動は、遊牧民に移動を強いたり促したりすることによって、文化の接触や交流を強化するための状況を作り出した。

　もうひとつの重要な革新は、金属の産出を見出したことだった。ウラル山脈で豊富な鉱床が発見された後、ステップは銅産出の拠点となった。紀元前3千年紀の初頭には、ウラル山脈南部のカルガルィからさほど遠くないところで、最も豊かな鉱床のひとつとして知られる銅山が操業していた。その後、製錬技術の発達によって金属がますます普及すると同

[右]ユーラシア・ステップ地帯に位置するロシアのバシコルトスタン共和国シバイの銅鉱石採掘場。人間が定住する場所としては理想的と言えないが、紀元前3千年紀以降、この地域は銅の採掘現場となってきた。

シルクロードの起源

時に、青銅、真鍮、鋼鉄といった合金が生み出され、金属器の質と耐久性が増すことになった。

これが結果として、要塞の中で暮らし、チャリオットで戦争を行うという新しい文化を生み出した。おそらく鉱山や、冶金家や、彼らが作った物を守るためにそうなったのだろう。家畜を守る目的があったことは言うまでもない。南部では、要塞化された集落と先進的な冶金が組み合わさった結果、町が発達した。しかし、こうした集落にステップの環境条件は適しておらず、この生活様式はおおむね放棄された。都会化は軌道に乗り始めるも、土地の広範囲で粗放的な家畜飼育を行うほうが利益になるため、紀元前18世紀を迎えるころにはほぼ放棄されていた。

紀元前12世紀から紀元前8世紀にかけて、中央アジアの低地の平原では、肥沃な川の流域が文明の中心地となり、大きな城砦を中心として、その周辺に小規模な集落が寄り集まっていた。これらの集落の人々は、ほとんど牧畜民としてスタートしたが、徐々に農耕へと移行していった。灌漑（かんがい）システムが高度になるにつれ、その建設や維持には組織化された集団によるかなりの労働力が求められるようになった。

そのため、このような複雑化した定住社会は、（たいがいは奴隷としての）労働力や、防衛および領土拡

> 「Nomad（遊牧民）」は
> ギリシア語で
> 「牧草を探して放浪する」を
> 意味するnomasに
> 由来する。

大用の兵器、建築資料、上流階級向けのぜいたく品を大量に消費するようになった。こうした物資に対する需要は交易を活気づけた。と同時に、経済の繁栄によって社会はさらに複雑化、階級制の構造化が進み、権力者と労働者の区別が明確になった。このように、ユーラシアの交易網発達の背後では、定住民の物資に対する需要と、ステップの牧畜民の移動性というふたつの原動力が働いていた。

定住化が進んだ結果、中央集権的権威——統治者が出現する。そして統治者は、それ以外の人々——被統治者と自分たちとを区別する視覚的シグナルとして、「貴重なもの」を必要とした。あるいは少なくとも欲しいと願った。こうして支配階級が創出されたことにより、実用性というより、あくまでも美しさや希少性にもとづき、価値のある品々に対する市場が創出され、これが交易発達のもうひとつの原動

［上］この古代の塔、すなわちバビロン（現在のイラク）の近くにあったボルシッパのジッグラトは、もともと7段造りで、高さは70m以上に達していた。

力となった。早くも紀元前2千年紀には、メソポタミアのコミュニティは、領土の外からしか調達できないさまざまな産物の貪欲な消費者となっていた。歴代の野心的上流階級によってかき立てられたこうした需要は、たいがいぜいたく品に対するものであったが、周辺地域の深部にまで拡大を続ける交易網を頼りに、富をもたらす市場を作り出した。

❖ ステップ・ルート

シルクロードの先駆けとして最も重要なルートのひとつは、ユーラシアのステップを貫く古代の陸路だった。北緯40度の南北約10度以内の範囲でおよそ1万kmに及んだこの陸路は、現在のモンゴルを経由して東ヨーロッパと中国北東部をつないでおり、ドナウ川の河口から太平洋へと続いていた。このルートの北は現在のロシアの針葉樹林帯タイガに、南は半砂漠や砂漠に接していた。

紀元前3千年紀から紀元前2千年紀にかけて、ユーラシアは人口の流動期を経験した。広い範囲で人々の大きな入れ替わりがあり、移住の動き、生活の変容、文化の相互交流に関して、複雑なパターンを生み出した。結果として、集落間に地域ネットワークが確立され、驚くべきレベルの社会的相互関係が出来上がった。これが物と思想の交換につながり、ステップ・ルートとして知られるようになる経路の誕生につながった。

ステップ・ルートの交易は主に絹と馬を中心に行われていたが、毛皮、武器、楽器、半貴石や宝石、金属や金属製の物も含まれており、伝統的なシルクロードが始まる2000年前には交易が始まっていた。そして中央アジアからターコイズとスズが、アフガニスタンからラピスラズリと金が、インドからカーネリアン(紅玉髄)が、ウラル山脈から銅がもたらされた。

いくつかの採掘現場から少し離れたところにある集落へと石が運ばれていたことからして、おそらく最も重要だったのは鉱物の交易であろう。中央アジアの山には、ラズライト(青金石)、ネフライト(玉)、カーネリアン、ターコイズといった半貴石の鉱物が多数存在し、これらの取引がこの地域の交易を活気づけた。

紀元前3千年紀の終わりごろ、ホータンとヤルカンド(後に中国領トルキスタンとして知られる地域)で切り出された玉(ネフライト)は、中国北部で取引された。竜山文化[新石器時代後期の農耕文化]が始まるころにはもう、玉はそこで使われており、とくに周王朝で用いられたことははっきりしている。この交易で使われたルートは「玉の道」と呼ばれてきた。同様に、「ラピスラズリの道」も存在した。この道を経由して、現在のアフガニスタン北東部バダフシャーン州、サル・イ・サングで採掘されたラピスラズリがメソポタミア付近や、エジプトにまで運ばれ、ソグディアナ(サマルカンドを中心とする現在のウズベキスタン、タジキスタン)とバクトリア(バルフを中心とする現在のアフガニスタン東部)からはカーネリアンが、(アラル海近くに位置する)ホラズム産のターコイズとともに、西アジアへ運ばれた。

全体の距離を考えると、ステップ・ルートをはるばる旅していった人たちが大勢いたとは考えにくい。むしろ、この道は物が行き来をした交易路で、短い距離を行く商人の手から手へと、あるいは、単にひとつの牧畜民のコミュニティから次のコミュニ

[下左]ステップ・ルートでは貴重な鉱物がいくつか取引されたが、濃い青色が珍重されたラピスラズリもそのひとつ。古代ではビーズとして用いられ、後には、すりつぶして粉末にしたものが青色顔料として用いられた。

[下右]東周王朝(紀元前475–221年)時代の結び目のある翡翠製の竜の首飾りは、凝った装飾を施したぜいたく品の典型。このような品がシルクロードの交易を活気づけた。

シルクロードの起源

ティへと物が中継されていくのが普通だった。交易の大部分は小型の馬やロバやラクダのキャラバンに頼っていたと考えられるが、海の交易も、ペルシア湾岸、アラビア半島、インドの集落を結びつけてきたのだろう。

❖ ペルシアの王の道

中央アジアの初期の道は、商業的、政治的、軍事的目的が混じり合い、紀元前2千年紀にアナトリア西部（現在のトルコ）のヒッタイト文明やそのほかの王国によって確立された可能性が最も高い。だが、シルクロードの真の先駆けと呼べる最初のネットワークは、紀元前500年ごろに完成した、ペルシアの王の道として知られるようになった道だ。

この道は、ペルシアに征服された帝国各地の都市へのアクセス、およびそれらの都市の管理を可能にした。当時、世界が目にした中では最大の帝国となったペルシアの領土は総面積が500万平方kmを超えていた。東西の距離にして約5000km、東はインダス川から西は黒海へ、南は北アフリカの沿岸まで広がっており、そこにはかつて独立していた国も数十か国含まれていた。当時の世界人口の5分の1に当たる7000万から8000万人が領土内で暮らしていたと考えられている。

王の道がヒッタイトとその後継者であるアッシリア人が造った既存の道とおおむね重ねて造られていたことはほぼ間違いない。紀元前2千年紀を迎えるころにはもうアッシリア人は（現在のトルコにあった）カネシュとの交易を行っており、アッシリアから西へ向かうルートはペルシア時代が始まるまでに確立されていた可能性が高い。紀元前522年より王位に就いたアケメネス朝ペルシアのダレイオス1世はこれらの道を延長し、ネットワーク化した。

ペルシア帝国の主要道路は、4つの首都のひとつで、チグリス川の約250km東、ザグロス山脈南麓に位置するスーサ（現在のイラン、シューシュ）と、エーゲ海のスミルナ（現在のイズミル）湾の約100km東に位置するサルディス（現在のトルコ、サルト）――小アジアの情勢不安定な地域にあった古代の王国リュディアの首都を結びつけていた。2850km以上の距離に及んだこの道は、キルクーク、ニネヴェ、エデッサといった都市と、ヒッタイト帝国の首都ハットゥサを組み込んでいた。

正確なルートは不明だが、王の道は現在のトルコの中央部に位置する草原地帯を横切っていったのだろう。ファールスからサルディスへ通じるある支線は、ザグロス山脈ふもとの丘陵地帯を越えた後、チグリス・ユーフラテス川の東へ向かい、キリキアと

カッパドキアを通ってサルディスへ至った。別の支線はサルディスからカッパドキアとキリキアを経てアルメニアに入った後、アルベラへ至り、チグリス川を渡って最終的にスーサに到達する。

この道は、スーサからさらに続いて恐るべきペルシア門［ザグロス山脈の狭く険しい道］を通り、アケメネス朝ペルシアの儀礼用の首都ペルセポリスに至り、552kmに及ぶ道のりは23区間で構成されていた。この道はほかのいくつもの道路網と交差し、最終的に、古代の王国、メディア（イラン北西部）、バクトリア、ソグディアナに至り、さらに南部を横断してインド亜大陸へ入り、メソポタミアを通ってエジプトに入っていった。

ペルシア帝国の主要都市を結ぶこの道は、最も理にかなったルート、すなわち最短ルートも最も楽なルートも取ってはいなかった。最短の道は、スーサからユーフラテス川沿いのバビロンを経て、キリキアの首都タルソスへ、そこからリュディアへ至るルートであったろう。また、このルートなら海の近くを通るため、交易にとってはそのほうが効率的だったはずだ。だが、実際には古代アッシリア帝国の中心部を貫いていた。そのため、多くの考古学者は、最も西の区域について、もともとアッシリアの王たちが、首都ニネヴェとスーサを結ぶと同時に、

［上］アケメネス朝ペルシアの儀礼用の首都ペルセポリス、現在のイランにあるダレイオス1世（ダレイオス大王）のレリーフ（浮き彫り）。

［右ページ上］ペルシアの道路網の要衝、古代都市サルディス（サルト）の廃墟。

［右ページ下］この地図は、アケメネス朝が絶頂期にあった紀元前500年ごろ、スーサとサルディスをつないでいたルートを示している。

シルクロードの起源

025

紀元前515年ころ、ペルセポリスはアケメネス朝の儀礼上の首都だった。ペルシア王の権力と支配を強める意図で造られた堂々たる中心地、ペルセポリスは、現在のイラン、シーラーズの北東60kmに位置する。

アルベラやオピスといった町にも通じるよう建設した道だったのではないかと考えている。

この道の重要性は、それを守るために取られた手段に示されていた。主要な部分の沿道には全部で111の監視所が分散して置かれ、追いはぎがもたらす脅威を軽減するべく頻繁にパトロールが行われていたほか、多くの脇道がペルシア軍の前哨基地によって守られていた。

これらの監視所は、スーサ―サルディス間で書状を運んでいたチャーパールと呼ばれる伝令用の宿駅としての役割も果たしていた。ペルセポリスで出土した石板には、ピッラダジスという馬を乗り換える駅伝制が記されている。監視所には馬屋があり、元気な馬が待機していた。そのため、メッセージを携えて宿駅に到着したチャーパールは、その手紙を別のチャーパールに引き渡すことができ、受け取ったチャーパールは次の中継地点に向けて元気な馬で出かけていく。そして前のチャーパールと馬は、十分休息を取った後、自分が出発した中継地点へと戻っていく。徒歩で王の道を行った場合、3か月かかるところを、この駅伝制を利用すれば、メッセージは1、2週間で届いてしまう。この制度は、王のニュースやお触れを迅速に伝えることを可能にしていた。

監視所はたいてい川を渡る地点や城門の近くに置かれたが、多くの監視所は必然的に、砂漠など、不毛の地域に置かれた。1日分の旅程を超えない場所に設置しなくてはならないという制約があった一方、その副産物として、旅する商人たちが足を止められる場所が作られることになった。そのため、キャラバン・サライ――交易キャラバンを収容するための複合施設――は多くの場合、監視所の周辺で発達した。監視所に守られたこのようなキャラバン・サライが存在したおかげで、ペルシア帝国が滅びたあとも、王の道は商人や交易業者たちに引き続き利用され、結果としてシルクロードの大動脈のひとつとして機能することになった。

王の道は、さらに古い道路や小道に沿って造られていたため、その構造を判断することは難しかった。しかし、ゴルディオンやサルディスにはダレイオス時代にさかのぼる区域がいくつか残っている。これらの区域の道幅はおよそ6m、低い盛り土を玉石で舗装する形で造られていた。化粧石で出来た縁石で覆われていた場所もある。だが、道の大部分は押し固めた土で出来ており、牛に牽引させる移動式攻城塔が十分通れるだけの道幅があり、川などの障害物の上に橋がかかっていたと考えられている。

西暦紀元初期にこの地域がローマ帝国の一部となったとき、ローマ人は古代ペルシアの道の上に道を造り、中には表面を堅く押し固めて砂利を敷き、石塊で縁石をつけることで既存の道を改善している区域もあった。こうしたローマ時代の道の一部は今も使われている。つまり、ペルシアの王の道の一部が約3000年ものあいだ、絶え間なく使われてきたということだ。

❖ アレクサンドロス大王

シルクロードの発展において、次に重要な時期は、アレクサンドロス大王がギリシア帝国を中央アジアへと拡大させたときに訪れた。紀元前356年ごろに生まれたマケドニアのアレクサンドロス3世は、紀元前336年に父親のフィリッポス2世の跡を継い

だ。それからわずか13年以内にペルシア帝国、エジプト、アッシリア、インド北部を征服し、ギリシアからインダス川にまで広がる古代史上最大級の帝国を築き上げた。

　アレクサンドロス大王は中東および中央アジアを横切るように進みながら人々を征服し、彼らの土地を占領し、数々の都市を創建した。そして、それらの都市に自らの名を冠したのだ。ギリシアの伝記作家プルタルコスによると、アレクサンドロスは少なくとも70の都市を創建した。といっても、その多くが以前から存在する集落だったことは間違いない。彼はそこにあらためて名前をつけ直したり、人を住まわせたりした。彼が直接創建した都市の数は20前後だ。その中には、やがてシルクロードの重要な交易拠点となった都市もある。とりわけ重要なのは、エジプトのアレクサンドリアと、アレクサンドリア・エスカテ、すなわちフェルガナ盆地の入り口に位置する「最果てのアレクサンドリア」(現在のタジキスタン、フジャンド)である。

　ギリシア軍は南へ進路を取り、カイバル峠を越えて現在のパキスタンに入ったが、その際、傷を負った古参兵が多くを占めるある分遣隊があとに残り、ソグド人に交じって居を構えた。彼らはそこで反乱が起きぬよう目を光らせ、交易路の防衛に一役買った。征服した領土に植民定住させるアレクサンドロスの習慣は、強力なつながりを生み出したという点で、シルクロードの基盤作りに大きな役割を果たした。またアレクサンドロスは、メソポタミアからインドへの航海が実現可能かどうかを見極めるべく、ある艦隊に装備を施してインダス川河口からペルシア湾の奥まで軍勢の一部を運ばせ、海のシルクロードを開拓するきっかけを作った。

　紀元前323年にアレクサンドロスが33歳で亡くなったあと、帝国は(4人の将軍に分割され)崩壊を始めるも、結束が緊密だったおかげで、交易の最盛期は続くことになった。アレクサンドロスはヨーロッパから中央アジアにまで広がる経済的・文化的に均一な世界の創出に貢献し、それがあったからこそ統一された交易地域が生まれ、地元の商人たちもペルシアの金が放出されたおかげで利益を得た。

　交易は、アレクサンドロスの継承王朝のひとつで、エジプトを支配したプトレマイオス王朝の統治下で成長を続けた。王朝は紅海沿岸の港への支配を通じ、ナバテア人など、アラブ人をはじめとする仲介者の協力を得て、メソポタミア、インド、東アフリカとの交易を推進した。

　アレクサンドロスの死後、約300年間、ギリシア人は中央アジアにとどまった。ヘレニズムの時代、古代世界ではグレコ・オリエンタル文化が席巻した。取り残されたマケドニア兵の多くは現地の住民と結婚し、当初はセレウコス朝——この地域にあったアレクサンドロスの後継者領——の支配下にあったが、東部の定住地はしだいに、ソグディアナとバクトリアのグレコ・バクトリア王国へ、その後は、現在のインド北部、パキスタンおよびアフガニスタン東部のインド・グリーク朝へと姿を変えていった。これらの王朝の文化は基本的にギリシア風であったが、その後200年ほどのあいだに徐々に西洋から分離され、東洋の要素がより際立つようになった。

　それでもなお東方への拡大は続いた。とりわけグレコ・バクトリア王エウティデモス1世の治世中、王はアレクサンドリア・エスカテよりもさらに遠くまで支配を及ぼし、中国領トルキスタンのカシュガルにまで遠征隊を率いていった。知られている限り、紀元前200年ごろのこの遠征が中国と西洋の最初の接触となって両者間の組織的交易への道が開かれ、シルクロードという場を作ることになった。

[左ページ]アレクサンドロス大王(紀元前356年ごろ–323年)は、広範に及ぶ領土を征服しながら植民地の連結を確立し、シルクロードの発達に重要な役割を果たした。

[上]ソグディアナ地方で出土したグレコ・バクトリア王エウティデモス1世を描いた硬貨の複製。裏面にはアラム文字が記されている。

シルクロードの起源

アレクサンドリア

　アレクサンドリアは紀元前331年ごろ、アレクサンドロス大王によって創建され、たちまちローマ後の古代世界第2位の大都市に成長した。ヘレニズム時代、ローマ時代、ビザンティン帝国時代と、1000年近くにわたり、エジプトの首都として、また地中海交易の中心地、アジアとヨーロッパをつなぐ海上ルートに欠かせない重要な拠点としての役割を果たしてきた。

　アレクサンドロスとその軍勢がやって来る前、この場所には、起源を紀元前1500年までさかのぼるラコティスという漁村があった。アレクサンドロスは、ナウクラティスに代わって、この新しい都市をエジプトにおけるヘレニズムの中心地にすると同時に、ギリシアと肥沃なナイル川流域とを結びつける場所にしたいと考えた。ファロス島が港を覆い隠してくれる、泥土の堆積（シルト）を免れる程度にはナイル川から離れているが、淡水を供給する運河を造れる程度には川に近い、西側の広大なリビア砂漠と東側のナイル川デルタ地帯が侵略してくる軍隊に対する防御になるなど、この土地にはいくつか利点があった。アレクサンドロス自身は創成期のアレクサンドリアで数か月を過ごしただけで、その後エジプトを離れ、二度と戻ることはなかった。そしてアレクサンドロスより太守に任命されたクレオメネスが引き続きアレクサンドリアの開発を監督した。

　アレクサンドリアは（アレクサンドロスの軍隊に略奪されたばかりの）ティルスに代わって、海のシルクロードの交易における中心地となった。安全な停泊地であることから、地中海と紅海を行き来する商人にとって魅力的な中継地点となったのだ。その結果、アレクサンドリアは急成長し、創建後わずか1世紀で世界最大の都市となった。

　紀元前323年にアレクサンドロスが死去した後、アレクサンドリアはプトレマイオス王朝の首都になった。そして交易の中心地となり、それゆえ、文化的影響のるつぼとして繁栄し、古代世界の知性および文化の中心地となった。アレクサンドリア図書館があるこの都市は、ユークリッドやアルキメデスなど、多くの学者を引きつけた。

　紀元前80年、アレクサンドリアはローマに併合された。当時エジプトは穀倉地帯で、ローマ人はエジプトの穀物に大部分を依存していたため、アレクサンドリアは戦略的に重要だったのだ。ローマ帝国の崩壊が始まると、アレクサンドリアの影響力は低下し、7世紀にはペルシア、ビザンティン、アラブ諸国の覇権争いにともない、975年にわたるギリシア・ローマの支配は終わりを告げた。

　641年にアラブ人の手に落ちた後、初期のカリフ制イスラム国家の交易網は中央アジアへ拡大し、北アフリカ地域にも広がり、アレクサンドリアはその交易網を利用できたにもかかわらず、じわじわと衰退を始める。1365年にはキプロス王ピエールが率いる十字軍によって容赦なく略奪された。

　15世紀末に喜望峰を回ってインドへ向かう航路が開かれると、アレクサンドリアの港を経由する交易量は徐々に少なくなっていった。わずか数十年のうちに、アレクサンドリアはオスマン帝国の手に落ち、そのまま1798年まで支配下にあったが、そのころにはもう漁村と大差ない状態になっていた。

　19世紀の工業化計画により、アレクサンドリアはかつ

紀元前1500年	紀元前400–200年		紀元前200年 – 西暦0年		0–700年
❖紀元前1500年ごろ地中海沿岸にラコティスが造られる。	❖紀元前332年アレクサンドロス大王によるティルス略奪。	命される。	❖紀元前168年ローマの介入が始まり、アレクサンドリアが一時的に侵略される。	図書館が焼失する。	❖115年ユダヤ人の反乱のさなか、アレクサンドリアが略奪される。
	❖紀元前331年ラコティスの場所に都市が建設される。	❖紀元前283年ごろアレクサンドリア図書館開設。		❖紀元前30年アレクサンドリアの戦い。ローマがエジプトを併合する。	❖122年ローマ皇帝ハドリアヌスがアレクサンドリアを再建。
	❖紀元前323年アレクサンドロス死去。プトレマイオス1世ソテル（救済王）がエジプトの総督に任	❖紀元前247年ごろアレクサンドリアの灯台が建てられる。	❖紀元前80年ローマによる併合。	❖紀元前30–23年プトレマイオス王朝の統治下、アレクサンドリアがエジプトの首都となる。	❖365年クレタ島沖地震による津波がアレクサンド
			❖紀元前48年ユリウス・カエサルがアレクサンドリアを征服、アレクサンドリア		

ての栄光を取り戻し、再び国際的海上貿易の要衝となっていった。今日、アレクサンドリアは、人口500万人以上、エジプト屈指の港を有する同国第2の都市となっている。

[上]コンピューターで描いたアレクサンドリアの灯台。「アレクサンドリアのファロス」としても知られる。高さは100mあり、紀元前3世紀には世界で最も高い建築物に数えられていた。

リアを襲い、数千人が死亡。

❖ **415年**
ユダヤ人を追放。

❖ **619年**
アレクサンドリアが包囲される。ササン朝ペルシアが権力の座に就く。

❖ **641年**
アレクサンドリアが包囲される。アラブ人が権力の座に就き、エジプトの首都がフスタートに移される。

❖ **645年**
ビザンティン帝国が権力の座に返り咲く。

700–1700年

❖ **811年**
アレクサンドリアがアンダルシアの海賊の手に落ちる。

❖ **1323年**
地震のあと、ファロス灯台が崩壊する。

❖ **1365年**
キプロス王ピエール・ド・リュジニャンがアレクサンドリア十字軍を率いる。マムルーク朝が敗れ、アレクサンドリアが略奪される。

❖ **1519年**
オスマン帝国による征服。

1700年 –

❖ **1798年**
ナポレオンがアレクサンドリアを征服。

❖ **1801年**
イギリス軍がアレクサンドリアを奪取する。

❖ **1882年**
イギリス海軍による砲撃と占領。

シルクロードの起源

2 シルクロードの発達

シルクロードの発達

紀元前2世紀初頭までに、厳格な意味でのシルクロードを開通させる舞台が整った。既存の交易網の両端、中国とローマに、相手国のぜいたく品を手に入れたいと強く望む上流階級が存在したからだ。

❖ 中国と東側のシルクロード

紀元前206年、劉邦（りゅうほう）によって中国の漢王朝が創建された。劉邦は下級役人だったが、抑圧的な秦王朝に対する反乱を主導した。その後、高祖、すなわち初代皇帝となり、中国の幹線道路の多くが交差する地点にある都市、長安（現在の西安の近く）に都を樹立した。

当時、中国の北と西の国境にある集落は、少し前に遊牧諸部族が同盟する形で統一された匈奴（きょうど）から繰り返し攻撃を受けていた。秦の始皇帝は、それまでの王朝が築いた一連の長城を連結し、匈奴の侵入を食い止めようと試み、それが万里の長城を形成することになった。だが、この防衛策では不十分であることがわかると、漢王朝は絹織物や、遊牧民が衣類や寝具を作るのに用いる軽くて温かい真綿と呼ばれる絹の詰め物を大量に貢納することで、匈奴と良好な関係を育もうとした。

紀元前198年より、漢は和親政策も開始し、「公主」——通常は王族の分派出身の女性——が懐柔策として、匈奴など強力な敵国の支配者のもとへ嫁がされた。その際、さらなる貢ぎ物として絹やそのほかのぜいたく品を大量に携えて嫁入りするのが普通だった。しかし、この懐柔策は名目上、成功したにすぎず、匈奴の攻撃は続いた。

紀元前141年に漢の武帝が即位した際、最初の課題は、北部遊牧民の問題に対処することだった。武帝はステップ地帯へ次々と遠征軍を送り、厄介者を見事押し戻しただけでなく、羊や馬の大群を分捕った。

武帝は中国の伝統的同盟国のひとつ、月氏（げっし）も匈奴と対立していることを知り、彼らが漢と結んで共通の敵に対抗する気があるかどうかを確かめることにした。しかし、月氏の領土へ向かう西のルートは、匈奴に支配された土地を通っている。漢王朝でこの

［下］「漢宮春暁図」と題された17世紀の絹本絵巻。漢王朝統治下にあった初期の中華帝国を描き出している。

紀元前210-130年	紀元前130-100年		紀元前100年－西暦0年	
❖ 紀元前209年 匈奴同盟の形成。	❖ 紀元前130年 クシャン朝が始まる。	❖ 紀元前102年 大宛（だいえん）から馬を連れ帰るべく、武帝が李広利将軍を派遣する。	❖ 紀元前63年 セレウコス朝が滅びる。	❖ 紀元前30年 ローマがエジプトを征服する。
❖ 紀元前206年 前漢王朝が始まる。	❖ 紀元前126年 張騫が中国へ帰国。		❖ 紀元前53年 パルティアでの戦いで、ローマ人が初めて絹を目にする。	❖ 紀元前27年 ローマ帝国が始まる。
❖ 紀元前139年 武帝が中央アジアの実態調査任務に張騫を派遣する。	❖ 紀元前121年 中国が河西回廊を掌握する。			

旅に赴く意志を示したのは、張騫という下級役人だけだった。

紀元前139年、張騫は100人の派遣隊とともに出発した。しかし、河西（甘粛）回廊——現在の甘粛省にある細長い土地で、東は黄河（河西は「川の西」の意）、北はモンゴルの砂漠、南は祁連山脈と境を接する——にたどり着いた途端、一行はすぐさま匈奴

[上左]匈奴に拉致された漢時代の女性、蔡文姫の悲話を描いた南宋（1127-1279年）時代の絵画。

[上右]ステップ全域に及んだ張騫の派遣は、それまで知られていなかった新しい産物を中国にもたらした。商取引の世界へと中国の門戸を開く役割を果たしたことで、張騫は国の英雄としてあがめられている。

0–220年		220–400年		400–500年
❖9年 新王朝が始まる。	❖97年 甘英がローマへの渡航を試みる。	❖227年 メソポタミアでササン朝がパルティアに取って代わる。	❖375年 クシャン朝が滅びる。	❖420年 南北朝が始まる。
❖24年 後漢が始まる。	❖220年 中国で三国時代が始まる。	❖266年 晋王朝が始まる。		❖476年ごろ 西ローマ帝国の滅亡。

シルクロードの発達

匈奴

紀元前3世紀から西暦1世紀末まで、現在のモンゴル一帯に広がる東アジアのステップでは、遊牧民族の匈奴が支配的勢力となっていた。

秦代に中国が匈奴の領土へ進出してきたことが引き金となって、紀元前209年に諸部族が統一され、連合体形成につながったと考えられている。以来、領土の北部と西部の集落を繰り返し襲撃してくる匈奴は、中国の悩みの種だった。一連の軍事的大敗を喫した後、中国は万里の長城を延長したり、王族の娘を匈奴の指導者に嫁がせたり、高価な貢ぎ物をしたりすることで、国境の襲撃をやめさせようと試みた。しかし匈奴にたびたび平和条約を破られると、総力戦に訴えた。だが匈奴は遊牧民であるため、敗北を喫しても散らばればいいだけのこと。その後、また次の攻撃に向けて再び徒党を組んでしまう。それでもようやく、漢民族は初期のシルクロードが通っていた領域を支配できる程度には、匈奴を押し退け、遠ざけることができたのだが、匈奴の盗賊たちは旅人を悩ませ続けた。

紀元前1世紀には、一連の内紛で連合体は二派に分裂し、一派は中国側についた。それ以降、匈奴の勢力は衰え始め、5世紀前半、最後の残党が事実上、中国に同化した。

［上］蔡文姫の生涯の一場面。この現代画は匈奴の伝統的な遊牧生活を描いている。漢は皇室の女性を嫁がせ、貢ぎ物をすることで匈奴を懐柔しようとしたが、大した成果はなかった。

に捕らえられ、監禁されてしまう。その後10年間、ステップをあちこち移動する匈奴皇帝の陣営とともに、張騫も移動しながら捕虜としての日々を過ごした。その間、匈奴の女性と結婚し、子どもを何人かもうけている。

紀元前129年、張騫は脱走し、大宛（現在のタジキスタン、ウズベキスタン、キルギスタンにまたがるフェルガナ。大宛の都はアレクサンドリア・エスカテ）に向かった。そして大宛の王は張騫を南西のソグディアナへ送り届けた。張騫はそこから、バクトリアのオクサス川（現在のアフガニスタンのアムダリヤ川）沿いに位置する月氏の宮廷にたどり着くことができた。紀元前176年ごろ、月氏は匈奴から屈辱的敗北を味わい、現在の中国甘粛省にあった自国の土地から追われて

いた。西へと移り住んだ月氏は、バクトリアに行き着いたのだ。

月氏の宮廷に到着した張騫は、漢と一緒に匈奴と戦ってほしいと懇願したが、説得は無駄に終わった。1年ほど月氏に滞在した後、張騫は長安に向けて出発したものの、再び匈奴に捕まってしまう。ただこのときの監禁は1年しか続かなかった。というのも、匈奴陣営で内乱が起き、その隙に妻子を連れて脱出することができたからだ。

出発から13年の時を経て、張騫はようやく漢へ帰還し、「西域」での体験を皇帝に伝えた。武帝がとくに関心を示したのは、ふたつの要素、交易と馬だった。張騫はバクトリアの市場に足を運んでいたころ、ガラス器や大型のたくましい馬など、そこで売られている外来の品々に感心した。

張騫は市場の商人たちに、彼らが売っている特定の種類の竹と生地について尋ねた。それらが中国南西部の蜀で生産されたものだという認識で尋ねたのだが、商人から、中国では知られていない地域、インドから買い求めたものだと告げられた。中国の品々を取引する国際交易が行われているとの情報に、もどかしさを覚えるほど興味をかき立てられたものの、唯一わかっている陸の交易路はステップを横断するルートで、それゆえ匈奴の支配下にあることを思うと、わくわくしてばかりもいられなかった。張騫は、蜀からインドへ物が移動している事実は、もっと直接的なルートが存在することを意味するものだと進言したが、いざ、武帝が山の多い雲南（現在の中国南西部）を通る唯一可能な陸のルートへ遠征隊を送ってみると、一行は、中国の拡大に明らかに神経質になっている住人たちから攻撃を受けた。

それから、馬の存在があった。張騫が語った大宛のたくましい駿馬は──「汗血馬（かんけつば）」と呼ばれ、この世の馬と天馬を掛け合わせて生まれた馬と信じられていた──とりわけ武帝の興味を引いた。中国の馬より大型で足の速いこのような馬は、匈奴との戦いで非常に役に立つと、皇帝にはわかっていたのだ。

漢は匈奴に対する軍事作戦を続行し、中国北辺の農耕集落にとって、もはや直接の脅威にならないところまで、何とか敵を押し返した。そのおかげで、

［上］「血のような汗を流す」と言われた有名な天馬は、中国の文学や絵画や陶器によって不朽のものとなった（219ページ参照）。これは唐代の像だが、このような汗血馬の小像は持ち主とともに埋葬されることもあった。

シルクロードの発達

武帝は西域へ通じる交易路の支配権を奪い取ることに集中できた。彼は匈奴を討つべく、大規模な騎馬隊とともに、将軍のひとりである衛青を送り、その後、数年のうちに、この将軍は決め手となる一連の戦いに勝利した。後に衛青の甥、霍去病も討伐に加わり、軍事作戦で成功を重ねた。そして紀元前121年までに、中国は河西回廊を掌握した。皇帝は、二度と立ち直れぬよう匈奴を壊滅させよと命じ、将軍らはこの遊牧の民を打ち負かし、ステップの奥地へと追いやった。

このころまでに、武帝は万里の長城を西へ延長することを始めていたが、今度は新しい交易路を守るため、河西回廊で延長工事を始めるよう命じた。河西回廊は比較的平坦で幅のある、乾燥した草原地帯で、山からの雪解け水によって形成されたオアシスが所々に存在する。農業は可能だったが、周囲を取り巻く砂丘が絶えず農地や用水路に侵入してくるため、極めて労働集約的だった。漢政府の解決策は、兵士とその家族を送り込み、交易路を守ると同時に、地域の農業の可能性を高めるという一石二鳥のやり方だった。さらに、志願兵と徴集兵の両方で数千人の移住者がそこに加わった。

万里の長城は最終的に敦煌まで延長され、この町は多くの中国兵を収容する重要な駐屯地となった。敦煌の北西約80kmには玉門関、もしくは玉関として知られる関所があった。万里の長城の西端に当たるため、その通路は東を目指す旅人にとっては中国への最初の入り口となり、西を目指す旅人にとっては最後の国境となった。オアシス都市ホータン(現在の新疆ウイグル自治区ホータン)から玉を運ぶ多くの

［左ページ］中国雲南省の元謀土林は、張騫が旅のあいだ、困難を克服しながら進んでいったに違いない岩だらけの地形の一例。

［上］紀元前121年ごろに設置された玉門関(もしくは玉関)は、敦煌の北西にある辺境の駐屯地だった。呼び名はここを通って多くの玉が運ばれていったことに由来する。

シルクロードの発達

万里の長城

万里の長城は世界最長の人工建造物。紀元前7世紀に楚の国で建設が始まり、北部の王国に対して中国中央部の草原地帯を守るため、現在の湖北省から河南省にかけて続く城壁が築かれた。明末の1644年に建設が終わったころには、壁の総延長距離は2万1000km以上に達し、海沿いに位置する現在の遼寧から西の新疆にいたるまで、中国の15の地域にまたがっていた。城壁の高さは最高で8m、幅は最大で基部が9.1m、上部が3.7mある。

シルクロードが最初に開通した紀元前140年ごろ、中国の北部地方は匈奴から繰り返し攻撃を受け、交易が脅威にさらされていた。漢の朝廷は対応策として万里の長城を延長し、前からあった区域を補強した。

長城を通過できる門の数は限られていたため、門は交易の中枢となった。宿や食堂や茶店が次々と出来て旅人を支え、野外の市場、城壁の両側に走る細い道に並んだ屋台や店で旅人が運んできた商品が取引された。門は国境検問所としての役割も果たし、そこでは出入国の取締と、交易品に対する徴税が行われた。また、長城そのものが輸送回廊の役割も果たした。

次に大掛かりな建設が行われたのは明の時代だった。新たに建設された区域はレンガと石のブロックを用いて、より堅固で手の込んだ造りとなった。このとき、長城沿いに2万5000もの望楼が造られたと考えられている。

文化大革命時(1966–76年)には、ほかの場所の建設で使うために石のブロックが取り去られ、長城のかなりの部分が破壊された。その後1980年代に中国が西側諸国に門戸を開くと、改革派の指導者、鄧小平にとって、長城の再建と保存が焦点となり、「我が中華を愛し、我が長城を再建せよ」とする鄧小平の提唱のもと、再建が開始された。1987年、万里の長城は世界遺産に登録された。現在、明代の長城がそのまま残っている部分は1割にも満たないが、再建された区間は世界中から観光客を引き寄せ、毎年1千万人以上の人々が長城を訪れている。

[右ページ]万里の長城は、攻撃に対する防衛と国境管理を目的として建設され、シルクロードを運ばれていく品々への課税を促進していた。長城の堂々たる威容は石、レンガ、突き固めた土、木といった材料で出来ている。

紀元前700–300年

❖ **紀元前700年ごろ**
長城の最初の区域が造られる。

紀元前300年–西暦0年

❖ **紀元前215年ごろ**
中国を統一した最初の皇帝、秦の始皇帝が個別の長城を連結するよう命じ、北辺の長城の最初の区域が形成され、これが万里の長城の先駆けとなる。

❖ **紀元前120年ごろ**
敦煌の近くに玉門関が造られ、初期のシルクロードを守るべく、万里の長城が河西回廊へと延長される。

0–700年

❖ **420–589年**
北魏、北斉、東魏、北周、すべての王朝が領土を守るため、万里の長城の一部を建設する。

❖ **600年ごろ**
隋王朝が北部の攻撃を防ぐため、長城の新しい区域を建設する。

700–1200年

❖ **960年ごろ**
北宋が北部の長城の守りを固め始めるも、晋王朝の侵入を阻止できず。

	1200–1900年			1900年–	
❖ 1194年 長城の最北端区域が建設される。	❖ 1211–1216年 モンゴルの勢力が複数か所で長城を突破する。	❖ 1368–1644年 明王朝が9000km近く長城を延長し、北方部族の侵入に備えて既存区域のさらなる強化を行う。	❖ 1644年 満州族の勢力が長城を突破し、中国北部へ侵攻する。	❖ 1984年 鄧小平が「我が中華を愛し、我が長城を再建せよ」と提唱、万里の長城の再建が始まる。	❖ 1987年 万里の長城が世界遺産に登録される。

シルクロードの発達

敦煌

敦煌は、初期のシルクロードにおける最も重要な都市に数えられ、タリム盆地の周囲を走る3本の支線の交差点だった。タクラマカン砂漠の端のオアシスに位置する敦煌は、西から中国へたどり着いた旅人が初めて出会う交易都市のひとつだった。また敦煌は、長安や洛陽といった中国の古代都市へ通じる河西回廊の入り口を管理していた。

敦煌の周辺地域は、紀元前2000年ごろに初めて人が定住し、月氏や匈奴により、さまざまな形で支配を受けてきた。紀元前121年ごろ、匈奴が漢に追われると、敦煌はこの地域とそこを通る交易路を守る中国側の守備隊駐屯都市となった。このころ万里の長城が敦煌まで延長され、シルクロードの交易にとって、敦煌が重要な存在であることが明確に示された。西暦初期には人口が4万人近くとなり、この地を通過する交易商人にとって、敦煌はなくてはならない補給地点となっていた。

敦煌はその歴史の初期に仏教の中心地となり、4世紀には地元の僧侶たちが、瞑想用の場所として、もろい岩壁に石窟を掘り始めた。1世紀後、彼らは仏陀の生涯を石窟に描くようになり、結果として、石窟は参拝や巡礼の場所となった。莫高窟、またの名を千仏洞の石窟の数は、最終的に500近くに及んだ。

10世紀初頭の唐代末期、地域大国としての中国の権勢が衰え始めると、敦煌は再び混乱に巻き込まれる。半独立を享受した時期もあったが、中国人、チベット人、ウイグル族、モンゴル人に征服された時期もたびたびあった。1227年にはモンゴル人が敦煌を略奪した後、再建した。14世紀にシルクロードの交易が衰退すると、敦煌の運命も同様に傾いた。そして1715年ごろ、中国が再び支配を取り戻した。

20世紀初頭、ヨーロッパの探検家や考古学者がやってくるようになると、敦煌は再び人々の意識にのぼるようになる。1907年、莫高窟のある石窟で、入り口がふさがれた小さな石室に隠されていた巻物の数々をオーレル・スタインが回収した。敦煌に国際都市的性質があったことは、文書に記された言語の多様性に反映されている。漢文、チベット語、サンスクリット語、コータン語、ウイグル語、ソグド語の文書のほか、おそらくお守りとして持ってこられたヘブライ語の祈りが書かれた文書もあった。現在の敦煌の人口は約20万人。

[右ページ]これは莫高窟で発見された968年にさかのぼる絹の巻物で、「水月観音菩薩像」と題されている。観音とは、哀れみと慈悲を連想させる仏教の菩薩。

紀元前200年－西暦100年	100－1400年		1400－1900年		1900年－
❖**紀元前121年ごろ** 敦煌近くに玉門関が造られる。	❖**366年** 莫高窟に最初の仏教石窟が開かれる。	❖**1227年** 敦煌がモンゴル人の支配下に置かれる。	❖**1400年ごろ** トゥルファン王国に支配され、町の大部分が放棄される。	❖**1723年** 中国の前哨基地が設けられる。	❖**1900年** 道教の修行者王圓籙（王道士）が蔵経洞を発見する。
❖**紀元前111年** 中国の駐屯地として敦煌郡が設けられる。	❖**781年** 敦煌がチベット人の支配下に置かれる。	❖**1370年ごろ** 敦煌が再び中国の支配下に置かれる。	❖**1516年ごろ** 敦煌がチベット人の支配下に置かれる。	❖**1725年** 廃墟と化した古都の東に現在の敦煌市が設立される。	❖**1987年** 莫高窟が世界遺産に登録される。
❖**西暦100年ごろ** 仏教僧がやってくるようになる。	❖**848年** チベット人が追い出され、中国人の支配が始まる。		❖**1715年ごろ** 敦煌が中国人の支配下に置かれる。		

敦煌は
「光り輝くかがり火」の意。
これは敵の動きに
関する情報を
東の河西回廊にある
前哨地へ伝えるために
上げたのろしについて
触れている。

キャラバンが中国へ向かう途中、ここを通過したことにちなんで名づけられた玉門関は、監視所と税関両方の役割を果たし、ここを通って中国に出入りするキャラバンは、運んでいる品物の金額にもとづいて税金の支払いを強いられた。

敦煌が戦略的に重要だったのは、河西回廊の西端に位置していたからでもあり、シルクロードの主な3つの交易路が集まる地点であったからでもある。そのおかげで旅人は、世界最高峰の山々に囲まれ、なおかつ危険なタクラマカン砂漠を含むタリム盆地、すなわち、フランスより広い地域を覆う水のない砂の海の内外を越えていくことができたのだ。北側のルートは、「白龍堆砂漠」[白い竜のように見える石灰質の風食地形]を超えていく650kmの道のりで、ハミやトゥルファンのオアシスへ通じていた。中央のルートは、塩沢ロプ・ノール（現在は砂漠）の北側外縁伝いに続き、真西に500km進むともうひとつのオアシス前哨基地、楼蘭がある。そして南側のルートは、チェルチャンのオアシス集落に通じる800kmの道。さらに西へ行くと、3本だったルートは南北2本のルートとなり、パミール高原の山麓に位置する都市カシュガルで合流する。

30を超えるオアシス王国が、さまざまな交易路の区域を含むタリム盆地の外縁周辺地域を支配していた。それらの王国は、キャラバンが休息し、疲労を回復し、補給をするための安全な場所を提供していたが、キャラバンの進行を阻み、代金を請求することもあった。多くの王国は匈奴の取り立てにさらされ、食糧、玉や絹といった貴重な品々を貢ぎ物として納めるよう強要されていた。

武帝はこれらの王国と同盟を結べば、複合的な利益が得られると悟った。彼らが食糧源や富の源を断ってくれれば、匈奴を弱体化できるうえ、彼らは中国軍の増強に利用できる。交易路を開いておくための役にも立つだろう。武帝は王国の支配者と関係を築くべく使者を送り、対匈奴で支援をしてくれれば、その見返りとして、最高級の絹など、貴重な品々を大量に提供すると申し出た。いくつかの王国

[上]現在の中国・新疆ウイグル自治区、ロプ砂漠（かつての塩湖ロプ・ノール）に位置するロプ・ノールの湖床の衛星写真。もともとこの付近には烏孫の人々が住んでいたが、その後、紀元前2世紀にこの地域は匈奴に乗っ取られた。

　は提案に応じたが、大半の王国は、事態がどう進展するか見守ることにした。

　紀元前119年、武帝は同盟締結を期待し、匈奴領のすぐ西を基盤とする遊牧民社会、烏孫に使節として張騫を派遣し、その際、300人の従者をつけ、数万頭の牛と羊、金や絹の富を運ぶ600頭の馬を持たせた。第一の目的は果たせなかったものの、張騫は周囲のほかの国々に副使を送り、中国の交易路拡大に貢献した。匈奴に対する中国の軍事的成功のニュースは西域全体に広がり、やがてシルクロードは中国の首都へ朝貢に赴く使節でにぎわうようになった。だが、距離が非常に離れていたため、漢政府は辺境地域を支配することは難しいと実感した。そして不穏な国々を鎮めて匈奴の残党を牽制するため、たびたび派兵を余儀なくされた。

　それから間もない紀元前102年、武帝はあの名高い名馬を購入できればと願い、金と絹を携えた使節を大宛の王のもとへ派遣した。しかし王は駿馬を売ろうとしなかったばかりか、使者を殺してしまった。武帝は簡単には引き下がらず、力尽くで馬を手に入れるため、大宛に軍を派遣した。漢軍はタクラマカン砂漠を横断する行程で物資不足に陥り、最初の攻略は挫折した。だが万里の長城まで戻った遠征隊は、武帝に「玉門関より中へ入ろうとする兵士は全員殺す」と脅された。武帝は遠征隊に物資を補給し、大規模な援軍をつけた。そして遠征隊は再び大宛へ向かった。最果てのアレクサンドリア、大宛の都を40日間包囲した後、漢軍は何とか外壁を突破し、都を水攻めにした。大宛の貴族らは王を殺し、中国人に好きなだけ馬を差し出した。遠征軍は3000頭の天馬を連れて帰途に就いたが、玉門関にたどり着けたのはわずか3分の1だった。このときの軍事的成功は、タリム盆地の他の諸国に中国との同盟に応じさせるだけの説得力を発揮し、中国はいくつものオアシス集落に駐屯地を設置した。

　紀元前87年に武帝が亡くなり、西域の脆弱な平和はついに崩壊した。紀元前60年にようやく宣帝が広大な地域に広がる36諸国を監督するべく、

［上］シルクロードの交易路のおかげで、旅人は中国北西部のタリム盆地——高い山々に囲まれ、102万平方kmの地域に広がる巨大な砂漠のくぼ地——を進むことができた。

シルクロードの発達　　045

烏塁(現在のタリム盆地北端の輪台)に西域都護を設け、シルクロードは再びにぎわうようになった。

その後、王莽が皇位を奪って新王朝を建てると、中国の内部で混乱の時期が続いた。タリム盆地の諸国は王莽の権威を認めようとせず、中国は西域の支配を失った。光武帝が西暦25年に漢を再建し、洛陽に新しい都を定めたあとも、依然として重点は中国社会の建て直しにあり、西域やシルクロードの安全は犠牲にされた。

このころまでに、匈奴は南北に分裂して勢力を競っており、南匈奴は中国と組み、北匈奴は引き続き、中国と敵対していた。北匈奴はタリム盆地の拠点から河西回廊へ侵攻し、再びシルクロードの交易を中断させた。

中国にある程度、安定が戻ると、漢朝廷の関心は再び西域に向けられた。73年にはタリム盆地を平定するため、皇帝が班超という武将を派遣した。小規模な分遣隊しか率いていなかったが、班超は部族間の不和を誘って彼らを分裂させ、征服することに成功する。4年後に再び彼の地へ派遣され、その後91年に西域都護に任命された班超は、反乱を鎮圧し、侵略者を撃退し、周辺の50余国と外交関係を築きながら、11年にわたり西域を支配した。

年老いた班超が102年に洛陽へ帰還すると、西域の平和がほころびを見せ始める。107年、都護の統轄下にあった多くの属国が反乱を起こし、再びシルクロードの安全を脅かすようになり、中国は10年以上にわたり、西域から手を引かざるを得なくなった。

123年、皇帝は西域を再度平定するため、元罪人だった兵士500名とともに、班超の末息子、班勇を派遣した。父親と同様、有能な指揮官だった班勇は、一連の戦略的同盟と軍事的成功により、西域に対する漢の支配を強化した。

2世紀の終盤にかけて、中国はまたしても内乱期に突入する。農民の反乱やエリート層の権力闘争が続いた結果、三国に分裂して戦うことになったのだ。その後も多くの短命な王朝が続き、華北は分立した王朝群へと分かれて、その大半は非漢民族によって支配された。広範囲に及んだ争いのさなか、多くの中国人が南へ移住し、5世紀初頭までに、中国は南北で並行する政権に支配されるようになった。

❖ ローマと西のシルクロード

紀元前141年、すでにバクトリアとメディアを奪っていたパルティア(現在のイラン北東部)の新しき指導者ミトリダテス1世は、セレウコス朝の都を攻略し、自ら王位に就いた。シルクロードの交易路の大部分は今やパルティアの統治下となり、この地域の交易の支配権はパルティア人の手に移った。そのため彼らは、ローマの台頭によって、交易とぜいたく品への欲求にますます拍車がかかっていた西洋と中国とを結ぶ重要な仲介者となった。

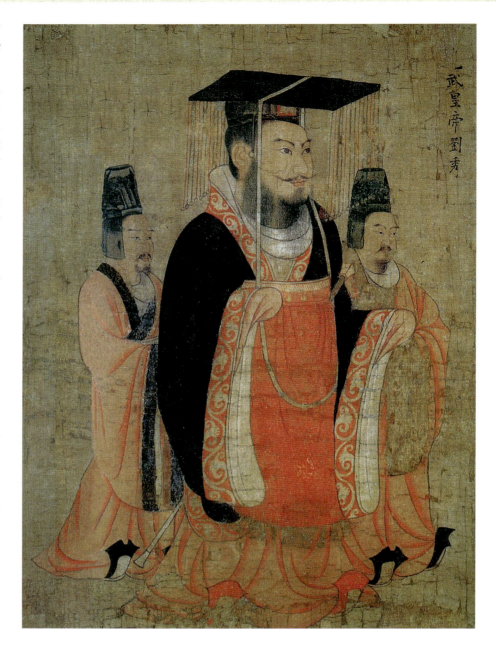

武皇帝劉秀

[上]唐の画家、閻立本(600–673年)が描いた光武帝(紀元前6年–西暦57年)。対外的なことには関心が薄く、新しい都、洛陽に焦点を合わせていた。

[右ページ]中国の武将、班超は断続的に31年間タリム盆地を統制し、西域を平定し、交易路を閉じずにおくことに成功した。

一方、張騫の報告でパルティア人のことを知った漢王朝は、紀元前121年、ミトリダテス1世の跡を継いだミトリダテス2世のもとに外交使節団を送った。漢はパルティアが自分たちと協力し、匈奴に対抗してくれることを望んでいたが、同盟の提案は拒絶された。とはいえ、漢はパルティアと通商関係を開いた。このような関係は、パルティア人にとって非常に価値があった。絹を運んでシルクロードを西へ旅するキャラバンに課税をしていたからだ。彼らもまた、中国人を相手にスパイスや香料や果物の交易を行い、ローマ人とは鉄やスパイスや革の交易を行った。東の中国へ向かう交易商人は、高級なガラス製品など、西アジアやローマの産物をいろいろと運んでいった。

紀元前1世紀、パルティアは引き続きメソポタミアで版図を拡大し、ローマ帝国もまた、セレウコス朝やエジプトを本拠地とするプトレマイオス朝の残部を征服していった。そしてシルクロードの交易も活発化する。ローマはアジアとヘレニズム国家とアラブ諸国をつなぎ、東へ向かう既存のシルクロード交易路を支配した。それにより、ローマ帝国のエ

[左]ホンゲ・アジュダル──現在のイラン、フーゼンスタン州イーゼにあるパルティアの国王ミトリダテス1世のレリーフ。

[下]クシャン朝の都だったアフガニスタンのベグラムで出土した52–125年にさかのぼるローマン・グラス。考古学者ワーウィック・ボールによると、ほかのガラス製品と一緒にシルクロード経由で中国へ運ばれる途中だったと見られる。

シルクロードの発達

マエス・ティテイアノス

マケドニアの商家に生まれたマエス・ティテイアノスはローマ市民で、自身も商人だった。現在のシリアに位置する都市、ティルスに住んでいたと考えられるが、時期については1世紀初頭という説もあれば、1世紀終盤という説もあり、多くの議論がなされている。いずれにせよ、マエス・ティテイアノスは中国へ向かう遠征隊を組織した。その目的は、商売がたきの優位に立つことであり、とりわけ中国の絹を直接手に入れることだった。

遠征隊はパルティア朝とクシャン朝の領土を通って進んでいたが、パミール高原の近くで中国の軍隊に捕らえられた。旅人たちは漢の都へ移され、朝廷に連れていかれた。一行がギリシア語を話し、パルティアのキャラバンの一員として旅をしていたため、中国人は彼らがローマの臣民であることに気づかなかった。商人たちは織り直されたシリアの絹とローマ帝国の金貨を皇帝に献上し、外交上の贈答品として漢の絹を受け取った。

出発から2年が経ち、遠征隊がシリアに戻ると、彼らが得た知識がローマ世界に広まった。グレコ・ローマン時代の地理学者クラウディオス・プトレマイオスは彼らの旅の詳細をもとに、アジアの新しい地図を描き、中国の位置をより正確に示した。

［右］15世紀に描かれたクラウディオス・プトレマイオスのエクメーネ（「既知世界」）。プトレマイオスは地図を描くにあたり、マエス・ティテイアノスによって組織された中国遠征隊がもたらした情報を利用した。

シルクロードの発達

東西の出会い

意外にも、ローマと中国が初めて直接接触したのは166年（ローマ帝国がパルティアを打ち負かし、ペルシア湾を支配したあと）になってからのことだった。このとき、ローマの使節団は海のシルクロードを経て漢の朝廷へやってきた。皇帝マルクス・アウレリウスに派遣されたと考えられる使者たちは、14か月以上の旅をして中国へたどり着いたのだ。

洛陽で中国皇帝の前に連れてこられたとき、使節団は中国とローマ帝国を結ぶ陸路の存在を認めたうえで、ローマは長いこと中国との接触を試みてきたものの、その努力がパルティアに阻まれていたのだと説明した。中国人は、はるか西方に存在する強大かつ——これが最も重要なことだが——裕福な帝国の噂をすでに耳にしていたが、使節団が持参した贈り物を見て失望した。このような交易交渉では、もてなす側の主人に貴重な品を惜しみなく贈るのが慣例となっていた。だがローマ側が提供できたのは、象牙と犀角と鼈甲（べっこう）だけだった。

旅の資金を調達するため、使節団はもっと高価なものを売り払わざるを得なかったのかもしれない。いずれにせよ、中国側はローマが提供したものにあまり心を動かされなかった。漢の皇帝は、自分が思い込まされていたほどローマ帝国は裕福でもなければ野心的でもないとの結論を下したようだ。使節団が無事、ローマへ戻ったという記録もなく、このときの接触がシルクロードの交易に長期的影響を与えることはほとんどなかったのだろう。

リート層に新たなぜいたく品がもたらされ、帝国全体が豊かになった。

ローマ人は東の国境でパルティア人が強い存在感を示していることが我慢ならず、二大勢力の断続的な戦いによって、シルクロードの交易はことあるごとに中断された。その中でもとくに、シルクロードの交易にとって重要な意味を持つ戦いがあった。紀元前53年、ローマの指揮官クラッススが大群を率いてユーフラテスの国境を越え、パルティアへ進撃した。そこで遭遇したのは、ローマ軍よりはるかに小規模なパルティアの騎兵隊だった。ローマの歩兵隊へ突撃を開始したとき、パルティア軍はローマ人が見たこともないような、奇妙な軽い生地で出来た色とりどりの旗を掲げていた。その生地こそ、ほかでもない絹だった。ローマ軍は敗北し、指揮官は殺されたが、生き残った兵士が、この世のものとは思えない美しい布地の存在を伝え、その話が故国へ広がった。

交易商人は衝突を避けるため、ユーフラテス川周辺地域ではとくに、別のルートを取らざるを得なくなることがしょっちゅうだった。戦争は領土の支配を巡る争いだったが、背後にある動機は交易の支配とそれにともなう利益、ぜいたく品を手に入れる機会を得ることだった。したがって、たびたび衝突があったにもかかわらず、シルクロード沿いの大国間の交易や交流はますます頻繁になり、組織化されていった。

1世紀から3世紀にかけて、中央アジアと北インドはクシャン朝によって統一された。匈奴にステッ プを追われた遊牧民、月氏の流れをくむクシャン族は、50年ごろ領土の拡大を開始し、ヒンドゥー・クシ山脈を越えて北インドへ進出した。彼らは中央アジアを通ってインド西部へ入り、最終的に、シルクロード交易——とくにローマとの交易——に欠かせない多くの港町へと通じるシルクロードの陸路、ステップ・ルートとオアシス・ルートを支配するようになった。それに加えて、106年にはローマが、砂漠の重要な交易網の一部であるナバテアの都市ペトラを掌握し、この支配はローマ帝国に莫大な富を生み出した。

クシャン朝は、シルクロードの両端で需要があった品々、たとえば植物性の染料、薬、香、ラピスラズリやターコイズといった宝石の出所でもあった。現在のアフガニスタンとイランでそれぞれ産出される鉱物、ラピスラズリとターコイズは、インダス川の河口に位置するインド洋岸の港として繁栄していたバルバリコン（現在のパキスタン、カラチ付近）へ運ばれた。この港は、中国や中央アジアの毛皮、中国の絹糸、インドの綿布、藍染料など、帝国の外からやってくる品々にとっても重要な存在だった。

227年、メソポタミア南部の支配権はパルティアから、現在のイラン南部を拠点とするササン朝に移った。ササン朝の出現により、ローマは繁栄するオアシス都市パルミラを経てペルシア湾へ出る道を遮断されてしまう。ササン朝はクシャン朝とも戦って北側の領土を併合し、ステップへ通じる道を閉鎖した。ローマの傘下にあったパルミラは反撃し、267年、侵略を試みたササン朝を撃退したが、その

［右ページ］紀元前53年に戦死したローマの指揮官マルクス・リキニウス・クラッススを描いた19世紀のリトグラフ。彼を倒したパルティア軍は絹の旗を持っており、その軽やかさはローマ軍の生き残りに忘れられない印象を与えた。

後、ローマ帝国を食い物にする形で領土を拡大した。案の定、これはパルミラにとって良い結末とはならず、273年、ローマに対して反乱を起こした後、パルミラはローマ皇帝アウレリアヌスにより、徹底的に破壊された。

地域内で混乱があっても、シルクロード上の交易の流れは続いており、灌漑や井戸作りの技術が改善したことに助けられ、オアシス都市が拡大した。しかし、4世紀初頭にはローマ帝国に亀裂が生じ始めていた。異民族が西方の国境を攻撃し、ローマが支配下に置いていた人々のあいだに不穏な動きが続いた。ササン朝に対する軍事作戦がうまくいかなかったことによる弱体化、内乱による分裂、異民族の攻撃や、広範に及ぶ領土内での反乱を効果的に阻止で

シルクロードの発達

ペトラ

切り立つ砂岩に彫られたモニュメントが実に劇的な古代都市ペトラは、中東で最も印象的な遺跡のひとつ。1世紀に栄華を極め、スパイスと香料の交易において中心的役割を果たした。

砂岩の色から「バラ色の都」として知られるペトラ（ギリシア語で「岩」）は、現在のヨルダン南西部、死海の南に位置するアラバ渓谷東側の山々を通る戦略的に重要なルートにあり、紀元前4世紀にナバテア王国の首都として樹立されたと考えられている。

ナバテア人は家畜を飼育しながら移動するアラブ系遊牧民ベドウィンだった。雨が少ない、降雨量の予測ができない、天然の水源がほとんどない地域に暮らす彼らは、水の活用と管理、雨水と洪水の両方を取り入れて蓄えるすべに長けていった。おかげでより定住化した生活様式を送れるようになり、さらには南アラビアから地中海沿岸の都市に香料（乳香と没薬）を運び、逆方面にスパイスや織物を運ぶルートを管理し、交易商人として成功することができた。ナバテア人は蓄えた富を使ってペトラを建設し、地域の重要な交易拠点へと成長させた。

そびえ立つ峡谷に囲まれた場所にあったことから、ペトラは要塞のように守られていたが、成功の要因は見事な水路網にあった。この地域では鉄砲水が頻繁に発生しており、ナバテア人はダムや貯水槽や導水管を使って洪水を制御すると同時に、このような自然現象がもたらす貴重な水を蓄え、さらに、涸れることのない泉からも水を補った。この水利システムが非常に効果を上げたため、ペトラは余った水を通過するキャラバンに売ることができた。ナバテア人は、実質的に人工のオアシスを作り上げたのだ。

ナバテア人は熟練の石彫刻家でもあった。彼らは3000人を収容できるローマ様式の劇場、おびただしい数のオベリスク、寺院、犠牲祭壇、列柱のある通りとともに、精巧な彫刻が施された何百もの墓を岩壁に彫り込んだ。東から都に入ってきたキャラバンは、幅わずか3～4mの暗くて狭い岩間、シーク（「岩の裂け目」）を通過せざるを得ず、そこを抜けると、目の前にエル・カズネ（「宝物庫」）の堂々たるファサードが現れる。

都の人口は約2万人に達したと考えられるが、106年、ペトラはローマの手に落ちた。それでもしばらくは繁栄が続いたものの、やがてシルクロードのうち、パルティアを通る陸路と海のルート、およびパルミラを通るルートが台頭してくると、ペトラの運命に陰りが見え始めた。363年と551年の地震はペトラ、およびこの都市の生命線である治水システムに被害をもたらした。そして700年にはもう、ペトラに人はいなくなっていた。

廃墟と化したペトラは12世紀に十字軍の前哨基地として使われていたが、1812年、スイスの探検家ヨハン・ルートヴィヒ・ブルクハルトによって、西側に再発見されることになった。1985年には世界遺産に登録され、現在は人気の観光地となっており、2017年には約60万人の観光客が訪れた。

[右ページ]エド・ディル（「修道院」）はペトラ最大のモニュメントで、起源は紀元前1世紀にさかのぼる。ナバテア王国の首都として、ペトラは交易の拠点となり、岩壁に彫り込んだ堅牢な保護施設と高度に発達した水路網を提供した。

紀元前400年 – 西暦0年

❖ **紀元前400年ごろ**
ペトラがナバテア王国の首都に定められる。

❖ **紀元前312年**
ギリシアのアンティゴノスにペトラが襲撃される。

❖ **紀元前63年**
ローマ軍がペトラを攻撃する。

❖ **紀元前31年**
ローマ軍が再び攻撃。

0–400年

❖ **106年**
ローマに併合され、ペトラがローマの属州に組み込まれる。

❖ **131年**
ローマ皇帝ハドリアヌスがペトラを訪れる。

❖ **325年ごろ**
キリスト教会が建てられる。

❖ **363年**
地震でペトラの大半が破壊される。

400－1800年

❖**551年**
地震がペトラにさらなる被害をもたらす。

❖**663年**
アラブ人の侵攻を受け、ペトラが放棄される。

❖**749年**
地震がペトラにさらなる被害をもたらす。

❖**1100年ごろ**
十字軍がペトラに基地を設置する。

❖**1187年**
サラディンが十字軍の基地を破壊する。

1800年－

❖**1812年**
スイスの探検家ヨハン・ルートヴィヒ・ブルクハルトによって、ペトラが再発見される。

❖**1985年**
世界遺産に登録される。

❖**1993年**
周辺地域が考古学パークに指定される。

きなかったことにより、西ローマ帝国は476年ごろ、ついに崩壊した（だが東ローマ、すなわちビザンティン帝国はそれからさらに1000年生き延びることになる）。

　帝国の終焉はシルクロードの交易に大きな影響を与えた。東方のぜいたく品に対するヨーロッパ人の需要もおおむね尽きてしまったからだ。だが、これも結局は単なる再調整となっただけで、シルクロードの交易の流れは続くことになった。

［上および下］小さな藍の塊と、染料を抽出する植物の標本。植物原料を発酵させた後、灰汁を混ぜ、団子状に押し固めて乾燥させたものを粉末にする。

［右ページ］かつて栄えたシリア砂漠の都市パルミラは、273年にローマ皇帝アウレリアヌスに破壊された。

シルクロードの発達

パルミラ

現在のシリア、地中海とユーフラテス川の中ほどにあるオアシスに建設されたパルミラは、ローマとメソポタミアと東方を結ぶ、中東では最も重要な交易の中枢であり、古代世界屈指の文化の中心地となった。もともとはタドモルとして知られていたが、西暦1世紀にローマ人がパルミラ（「ヤシの木の街」）と名づけた。

パルミラが言及されている最初の記録は紀元前2000年ごろまでさかのぼるが、この都市がようやく名を馳せるようになったのは紀元前3世紀、旅商人たちの重要な中継地点になってからのことだ。パルミラは実質的に、ローマの市場へ通じる最東端の入り口にあり、キャラバンの交易から富を築いていった。市民はローマ人とパルティア人の両方と取引をし、シルクロード沿い、およびパルティア帝国とローマ帝国の各地に前哨地を設立した。

パルミラは初期の歴史ではほとんどの期間、独立していたが、14年ごろ、ティベリウス皇帝の治世中にローマの支配下に入った。とはいえ、多くの自治権を保持していたパルミラは、帝国内では特権的地位による恩恵を受けており、とりわけ106年にペトラがローマの属州に組み込まれたあとは、アラビア半島南部交易路の支配権が事実上パルミラ人の手に移り、大いなる繁栄を享受した。

129年ごろ、皇帝ハドリアヌスの視察を受けたパルミラは、交易の重要性が認められ、キヴィタス・リベラ（「自由都市」）の資格を与えられた。劇場、街の軸を成す列柱大通り、ナブ神殿など、パルミラの最も重要な建築の多くはこの時代のものだ。

3世紀には地域の不安定化が交易に影響を及ぼし、ペルシアと南部メソポタミアでササン朝がパルティアに取って代わったあとはとくに影響が大きくなった。新たな支配者は自分たちの領土内にあるパルミラの植民地を解体させ、パルミラとの交易に使われていたペルシア湾へ通じる道を閉じ、ローマに宣戦布告した。パルミラは対応策として独自に軍事増強を開始、さらには領土の拡大にまで着手し、270年にはローマ領アラビア属州とエジプト、それにアナトリアの大部分を征服した。これらの成功を経て、パルミラはローマからの独立を宣言する。しかし2年後にはローマ皇帝アウレリアヌスはアナトリアを奪還し、その後、パルミラを破壊した。後にパルミラは再建されたが、規模は大幅に縮小された。

634年、パルミラは正統カリフに征服された。これが一連のアラブ人カリフによる統治時代の始まりとなり、交易の中心地に衰退期が訪れる。1068年と1089年の地震により、パルミラは壊滅的被害を受けた。13世紀から14世紀にかけてマムルーク朝に支配された後、1400年、パルミラはティムール朝に滅ぼされた。そして残された部分は、1516年にオスマン帝国の一部となった。

17世紀から18世紀にかけて、廃墟と化した都市は旅行者によって再発見された。1920年代にシリアがフランスの委任統治下に入ったあと、シリア考古局長アンリ・アーノルド・セーリグのもと、考古学的発掘が始まった。

パルミラの遺跡は1980年に世界遺産に登録された。2015年には、イラクやレヴァント［地中海東岸の地方］のイスラム国として知られる過激派グループがこの地を支配し、バールシャミン神殿と、パルミラの中心的神殿であるベル神殿など、最も重要なモニュメントをいくつも破壊していった。

紀元前2000年－西暦0年

❖**紀元前2000年ごろ**
歴史的文献にパルミラが初めて言及される。

❖**紀元前312年**
パルミラがセレウコス朝の支配下に入る。

❖**紀元前41年**
パルミラがローマ軍に征服される。

0–300年

❖**14年ごろ**
パルミラがローマの属州になる。

❖**129年**
ローマ皇帝ハドリアヌスがパルミラを訪れる。

❖**167年ごろ**
ローマがパルミラに駐屯地を置く。

❖**212年**
パルミラがローマの植民市となる。

❖**273年**
反乱を受け、ローマがパルミラを破壊。植民市は村に格下げされる。

300–700年

❖**303年**
新しい要塞が造られる。

❖**323年**
キリスト教に改宗。

[左]ヘルベルト・グスタフ・シュマルツによる19世紀の絵画。「パルミラを見納めるゼノビア」と題されたこの絵は、3世紀にローマに対する伝説的反乱を率いたシリアのパルミラ王国女王を描いている。

700–1900年

❖ **527年**
新しい要塞が造られ、パルミラは事実上、前哨基地となる。

❖ **634年**
パルミラが正統カリフに征服される。

❖ **745年**
パルミラの城壁が破壊される。

❖ **750年**
アッバース朝に反乱を起こす。

❖ **1068年**
地震でパルミラに破壊的被害。

❖ **1089年**
地震でパルミラに破壊的被害。

❖ **1263年**
パルミラがマムルーク朝の支配下に置かれる。

❖ **1400年**
ティムールがパルミラを徹底的に破壊する。

1900年–

❖ **1932年**
パルミラが放棄される。

❖ **2013年–2017年**
シリアの内戦とイスラム国により遺跡が損害を受ける。

シルクロードの発達

3 シルクロードの黄金時代

シルクロードの黄金時代

シルクロードは昔から、政治が比較的安定している時期に最もうまく機能してきた。7世紀の唐代にシルクロードが黄金時代を迎えた理由のひとつはそれだ。中国は唐代に世界で最も強力かつ繁栄した国となった。この繁栄はシルクロードの成功のもうひとつの要因だが、中国が友好的な外交政策を取り、シルクロードの西端──ビザンティン帝国および、ペルシアのササン朝とそのあとのアラビア帝国──が比較的安定していたことも交易の繁栄維持に役立ち、中国の産物に市場を提供した。ユーラシア各地からやってくる商人や旅人や使節がより開かれた中国で歓迎されるようになると、それにつれて長安など、中国の都心部がますます国際的になっていった。得られるべき利益に引き寄せられ、しだいに外国人がそこに住み、商売をするようになった。

❖ **唐王朝**

唐の初代皇帝高祖は、中国の大部分を何とか統一すると、政権を小規模に保ち、課税対象となるすべての男性に土地を分配し、貨幣の鋳造所を作り、銅貨による新しい貨幣制度を確立し、経済を再び活性化させた。630年代には、跡を継いだ太宗がタリム盆地のオアシス国家や(現在のモンゴルを拠点とする)東突厥の征服をはじめ、西域で多くの軍事攻勢に出て成功を収め、シルクロードを再開させた。そのまま40年近くシルクロードは開かれていたが、678年、新たに領土拡大政策を取るようになった吐蕃[チベット人による最初の統一国家]の侵入により、シルクロードの東端は事実上、再び閉鎖された。その後60年間、シルクロードの支配権は中国とチベットのあいだを何度も行き来することになった。

交易の急成長にともない、銅銭の製造が需要に追いつかなくなったため、唐政府は別の形の貨幣として、絹織物を認めることにした。西域の駐屯地に配

[左]6世紀か7世紀にさかのぼるササン朝の銀器。装飾が施されたこのような金属器はシルクロードで広く取引されていた。

[右ページ]唐の第2代皇帝太宗はシルクロード地域に対する中国の支配を拡大させた。この絵は中国の画家、閻立本が641年に製作した絵巻の一部。

500–650年	650–750年		750–1000年
❖**570年** 中国の絹専売が終わる。 ❖**589年** 随王朝が中国を統一する。 ❖**618年** 唐王朝が始まる。	❖**651年** ササン朝がアラブのカリフ軍に敗れ、滅亡する。 ❖**661年** ウマイヤ朝のカリフが初のイスラム帝国を樹立する。	❖**704年** アラブ軍が中央アジアの征服を開始する。	❖**750年** アッバース朝のカリフ統治が始まる。 ❖**751年** イスラム軍と唐軍がタラスで戦う。 ❖**755年** 中国で安禄山が反乱を率いる。

置されている兵士への送金は通常、絹で行われ、それが交易を拡大させ、西域の集落の経済を維持するのに役立った。8世紀前半、中国の中央政府はハミ、トゥルファン、北庭、クチャの軍事司令部に年間90万匹ほどの絹を送っていた。

シルクロードはこの黄金時代に拡張され、新たにアルタイ山脈を経由してモンゴルへ進むルート、チベット高原とカラコルム山脈を越えていくルートが生まれた。タクラマカン砂漠北辺のルートはますます人気となり、道沿いに新しい町や市場が開かれた。唐が何よりも手に入れたかった交易品は軍隊用の馬で、それらの馬は、主に北部の遊牧民、多くの場合ソグド人の仲買人を介して購入していた。

地元の取引がそのような状況だったにもかかわらず、中国の最も重要な交易相手はもはやローマではなく、ペルシア世界だった。当初、このペルシア世界とはパルティアの後継者、ササン朝を意味し、ササン朝は620年ごろまでに中東、コーカサス、エジプト、トルコの大部分、そして中央アジアのほとんどを統治していた。ササン朝の硬貨はシルクロードの全域で国際通貨として使用され、ササン朝の職人が製造した金メッキを施した銀製品が広く取引されていた。

しかしササン朝は、正統カリフ(ムハンマドの死後、後継者となった最初の4人のカリフ)が率いるイスラム国家の軍隊による攻撃を受け、651年に征服された。アラブの拡大はその後数十年にわたって続き、8世紀にはウマイヤ朝のカリフのもと、版図は中央アジアにまで達した。この時代はイスラム黄金時代の始まりを意味し、その特徴は経済的繁栄と文化および科学の開花にあった。交易は大いに栄え、アッバース朝の首都バグダードはたちまちシルクロードの最重要都市となった。

中国の西方への拡大は、シルダリヤ川地域の支配

◆907年
唐王朝が終わる。

◆960年
宋王朝が始まる。

1000–1330年

◆1037年
セルジューク朝が始まる。

◆1127年
女真族が中国北部に侵攻。南宋が始まる。

◆1194年
セルジューク朝が終わる。

◆1206年
チンギス・ハンがモンゴルの統治者を宣言する。

◆1271年
元王朝が始まる。マルコ・ポーロが旅を始める。

◆1299年
オスマン帝国が始まる。

◆1325年
イブン・バットゥータが旅を始める。

1330–1370年

◆1330年代
飢餓と洪水が中国に壊滅的被害を与える。

◆1346年
黒死病がヨーロッパへ到達。

◆1368年
明王朝が始まる。

シルクロードの黄金時代

バグダード

バグダードはチグリス川河畔のペルシアの村として始まり、762年にアッバース朝の第2代カリフ、マンスールによって首都に選ばれた。陸路と河川の交易路がいくつも集まる地点にあったおかげですぐに商業の要衝となり、9世紀初頭には世界で最も豊かな都市となっていた。

バグダードの金持ちは知識人でもあった。アッバース朝の第5代カリフ、ハールーン・アッラシードはヒザーナ・アルヒクマ（「知恵の宝庫」）を創設し、息子で後継者となったマームーンの統治下で、バイト・アルヒクマ、すなわち「知恵の館」——研究、教育、古代文献のアラビア語への翻訳を専門に行う他に類を見ない施設——となった。9世紀半ばまでに、バイト・アルヒクマには世界最大の本のコレクションが収蔵された。8世紀の終わりには、バグダードに世界初の製紙工場が設立され、こうした研究施設の拡充に弾みがついた。紙が大量に手に入るようになったことで、膨大な量の翻訳と独自の研究を紙に書き留められるようになり、バグダードには図書館や書店がどんどん増えていった。

バグダードは、10世紀のピーク時には100万人以上の人口を抱えていたと推定され、その時点ではおそらく世界最大の都市だった。しかし、そのころにはもうアッバース朝は衰退の道を歩んでいた。その後、10世紀から11世紀にかけて、イラン系のブワイフ朝とトルコ系のセルジューク朝による侵略と統治を受け、バグダードの一部は廃墟と化した。1258年にはチンギス・ハンの孫フラグ、1401年にはティムール軍によってバグダードは再び略奪され、その後はトルクメン系王朝による統治が続いた。1534年からはオスマン帝国の一部となり、第1次世界大戦中、ついにはイギリスによって占領された。オスマン帝国の統治下で、人口は5万人に満たなくなり、バグダードは地方都市のレベルへと衰退していった。

近代に入り、バグダードはイラクの首都となった。1970年代には、政治が比較的安定していたことと石油収入のおかげで、バグダードの拡充と開発に資金を供給できたが、1980年代のイラン・イラク戦争、1990年のクウェート侵攻に端を発する1991年の湾岸戦争により、都市の大部分が破壊されることになった。2003年のイラク戦争ではアメリカ軍の攻撃を受け、最終的には宗派の抗争による暴力をもたらした。現在、バグダードは900万人近くの人口を擁し、（カイロに次ぐ）アラブ世界第2の都市となっている。

紀元前2000年	西暦700-900年		900-1300年		1300-1500年
❖**紀元前2000年ごろ** バビロニアの都市バグダードが存在。	❖**762-766年** アッバース朝のカリフ、マンスールが「円形都市」を建設。	❖**812年** イスラム教徒の内乱中、バグダードが包囲される。	❖**946年** バグダードの戦い。ペルシア系ブワイフ朝が権力の座に就く。	❖**1258年** バグダード包囲戦。モンゴル軍に都市の大部分が破壊され、住人のほとんどが殺される。	❖**1327年** イブン・バットゥータがバグダードを訪れる。
	❖**766年** 円形都市が完成。	❖**830年** 知恵の館が設立される。	❖**1055年** セルジューク朝がバグダードを占領する。	❖**1272年ごろ** マルコ・ポーロがバグダードを訪れる。	❖**1339年** ジャライル朝のスルタンがバグダードを掌握する。
	❖**793年** 世界初の本格的製紙工場が稼働。		❖**1135年** アッバース朝が再度権力の座に就く。		❖**1347年** バグダードがペスト

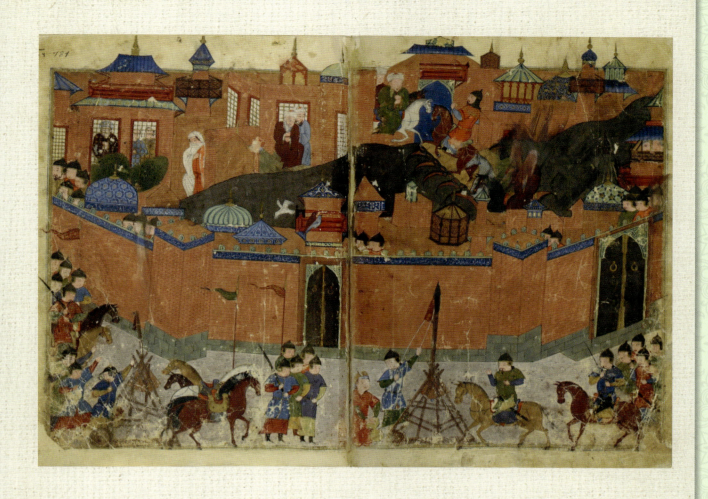

［上］1258年のフラグ・ハンによるバグダード包囲を描いた15世紀の作品。

［次ページ］チグリス川はトルコに発し、1750kmを流れてペルシア湾へ達する。

		1500–1900年	1900年–	
に見舞われる。	❖ 1405年 ジャライル朝のスルタンがバグダードの支配権を奪い返す。	❖ 1508年 バグダードがペルシアの軍勢に占領される。	❖ 1917 バグダードが陥落。イギリスが権力の座に就く。	❖ 1991年 湾岸戦争が始まる。
❖ 1393年 バグダードがティムール軍に占領される。	❖ 1417年 バグダードがトルクメン人に占領される。	❖ 1623年 バグダードがサファヴィー朝に占領される。	❖ 1932年 イラクが独立を獲得。	❖ 2003年 バグダード陥落。アメリカ軍がバグダードを掌握する。
❖ 1401年 バグダードがティムール軍に再び占領される。		❖ 1638年 バグダードがオスマン軍に占領される。	❖ 1980年 イラン・イラク戦争が始まる。	

シルクロードの黄金時代

を争った751年のタラス河畔の戦いで行き詰まった。シルダリヤ(ヤクサルテス)川とアムダリア(オクサス)川に挟まれた地域(現在のウズベキスタン、タジキスタン、キルギスタン、カザフスタン)は、サマルカンドとブハラを拠点とし、ソグディアナも合わせて、西方ではトランスオクシアナ、「オクサス川のかなたの地」として知られていた。前の年にウマイヤ朝を倒したばかりのアッバース朝とその同盟国、吐蕃の軍隊は、中国兵と遊牧民カルルクの傭兵からなる唐軍を破った。というのも、傭兵が戦闘の途中でアッバース側に寝返ったのだ。その結果、トランスオクシアナはイスラム勢力の支配下に置かれ、その後400年間、この状態が続くことになった。また、この戦いの結果、製紙技術の知識を持った中国兵がイスラム側の捕虜となり、中国は製紙における支配権も失ったと考えられている。

755年、安禄山という武将が華北の皇帝を名乗り、その後、中国で反乱[安禄山と同郷の史思明が起こした「安史の乱」]が勃発、アッバース朝からトランスオクシアナの支配を奪い取るという唐の野望は絶たれた。政府はこの反乱軍に対処するため、西域にいた部隊を撤退させた。税収は急激に落ち込み、唐の皇帝はウイグル族の傭兵(現在の新疆から来たテュルク系民族)を雇わざるを得なくなった。

安史の乱は763年にようやく鎮圧されたが、それまでに唐は著しく弱体化し、その後780年代には吐

[上]安禄山(703年ごろ–757年)は皇帝を自称し、唐に対して破壊的反乱を計画。一時的にライバル王朝、燕を建てた。

[右]848年に吐蕃に勝利した張議潮将軍を描いた敦煌の壁画の一部。

シルクロードの黄金時代

蕃に対して、西域の支配権を失った。787年、吐蕃軍は敦煌とクチャを占領した。今や吐蕃はタリム盆地南部を支配下に置き、結果としてシルクロードも支配した。安史の乱は唐とシルクロードの両方にとって転機となり、どちらも繁栄から衰退へと転じた。中国軍（および彼らがもたらす政府の投入金）が引き揚げられたことにより、タリム盆地周辺地域の集落は、基本的に自給自足の生活へと逆戻りした。

しかし、840年代にはもう吐蕃は内紛に巻き込まれ、崩壊の危機に瀕していた。848年、敦煌周辺地域に住む漢人、張議潮が地元で蜂起し、吐蕃を追い出した。ついで、吐蕃の駐屯地がある10の近隣地域への攻撃も成功させた。中国人は河西回廊と敦煌の支配を今一度取り戻し、シルクロードの交易が再び動きだした。

一方、ペルシア系のサーマーン朝は、サマルカンド、後にブハラを首都とし、ソグド人が代々受け継いできた交易を継続していた。イラン高原の東端とアフガニスタンを支配していたサーマーン朝は、近隣諸国と良好な関係にあり、こうした政治的安定によって交易の流れは滞らずにすんでいた。サーマーン朝の商人ははるか遠方まで旅をしてネットワークを構築し、その影響力はスカンジナビアにまで及んだ。また、サーマーン朝は豊富な銀鉱山も支配し、ここで製造された銀貨はシルクロードの全域で用いられた。

9世紀にカルルク、ヤグマー、チギルなど、天山山脈およびカシュガル近くのタリム盆地西端に暮らすテュルク系部族が連合してカラハン朝を結成した。彼らは10世紀半ばにはイスラム教に改宗し、カシュガルを攻略、さらには独立した仏教王国ホータンにも圧力をかけ始めた。結局、ホータンとは長い戦争をすることになり、1006年ごろ、戦いはカラハン朝の勝利で終わった。このころ、トランスオ

［上］サーマーン朝のこのような銀貨はシルクロードの交易でよく使われていた。

［右ページ］宋代の高名な儒学者・哲学者、朱熹の彫像。南宋統治下の政治的安定期は芸術や学問研究の発展を可能にした。

クシアナでも軍事作戦を開始し、イスフィジャブ、フェルガナ、イーラーク、サマルカンド、およびサーマーン朝の首都ブハラを併合した。カラハン朝によるタリム盆地西部の征服は、やがて来る地域全体のトルコ・イスラム化の始まりを意味していた。

　唐は洪水と干ばつに交互に見舞われるという形で、すでに自然災害に悩まされていたが、874年、今度は一連の反乱に巻き込まれることになった。まず、王仙芝という塩賊[塩の密売商人]が河南省長垣で民衆1000人を集めて挙兵した。反乱はたちまち拡大し、同じく塩賊で、自身もかなりの人数を集めて挙兵していた黄巣も合流した。反乱は長安と洛陽を陥落させる結果となり、鎮圧には10年を要し、その過程で唐を著しく弱体化させた。地方では小規模な軍隊ほどの盗賊集団が破壊活動を開始し、商人のキャラバンを攻撃したり、塩を密売したりしていた。

　黄巣の部下だったもうひとりの塩賊、朱温は、唐軍に手を貸して黄巣を倒し、その報酬として唐軍の中で一連の昇進を果たした。地方軍総司令官の地位まで上り詰めた朱温は、907年、哀帝を退位させ、自ら皇位に就いた。それにより、唐王朝は終わりを迎えた。

❖ 宋王朝

　唐の崩壊は、その後50年以上続くことになる政治的混乱期の到来を告げ、シルクロードの交易に大きな打撃を与えたが、960年、太祖皇帝のもと、宋王朝が始まった。政治的安定が回復したことで、交易量は国内外ともに増加した。

　976年に太祖が亡くなると、弟が太宗皇帝として即位した。太宗は、北漢および遼(契丹)王朝——遊牧民族の連合体が現在のモンゴルを拠点に建てた独立国——の支配下にあった北方の領土をなんとしても奪回したいと考え、まず、自ら軍を率いて北漢と対峙した。軍事作戦は成功し、太宗は余勢を駆って、今度は契丹を討つべく、さらに北へと軍を進めた。だが契丹出兵は紛れもない大失敗に終わり、その後、反撃に出た契丹が宋の首都まであと数日というところまで進軍してくる事態になったが、宋は何とか契丹を追い返すことができた。

　軍事力の欠如が露呈した結果、宋は和親政策を取るに至り、貢納制度を開始した。基本的には、遼(契丹)、満州の女真、西のタングート、北のモンゴルに多額の貢納をすることによって平和を買おうとする試みだ。制度を支える健全な経済があったため、この和親政策によって安定した政治環境が整

シルクロードの黄金時代

い、国内外の交易は繁栄を迎えた。また中国政府が商業活動に関する規制を緩和したおかげで民間の商売が大幅に拡大し、政府公認の市場から離れたところに新しい市場が次々と生まれた。商売が開花すると、今度は商業組合や同業者のギルドが結成されるようになり、商人は卸売りもしくは小売りのいずれかを専門に行うようになった。銀行および信用貸しの制度が生まれて、制度はどんどん複雑化し、王朝の全域で紙幣が導入され、使われるようになった。

貢納の取引額は莫大だった。講和条約にもとづき宋が遼に毎年支払った歳幣(さいへい)は合わせて銀が20万両(1両は約35gに相当)、絹が30万疋(びき)にもなった。それでも収支としては、宋が払った額の大部分を取り戻すような状態だった。というのも、通常、宋の輸出は輸入を大幅に上回っていたからだ。タングートとの交易に関しても、宋は年間2万頭の馬を1頭につき絹20疋で買っており、たいてい宋が得をしていた。

チベット語を話すタングート族は、河西回廊の周辺地域、すなわち中国にとってはシルクロードへの進入路となる地域を支配していた。宋代の初期には朝貢国であることを受け入れ、遊牧民として牧畜に従事したり、中央アジアと中国との交易を仲介したりしていたが、1038年、新しい指導者、李元昊(りげんこう)は趙元昊皇帝を称し、新しい王朝、西夏(せいか)を創設した。元昊は中国を征服すべく、すぐさま軍事作戦に着手するも、6年後、中国が歳幣を支払うことに合意すると、作戦は立ち消えとなった。西夏と宋は脆弱ながら和平を結んだものの、西夏が陸路のシルクロー

[左]女真族の金王朝と戦った南宋の武将、岳飛の彫像。

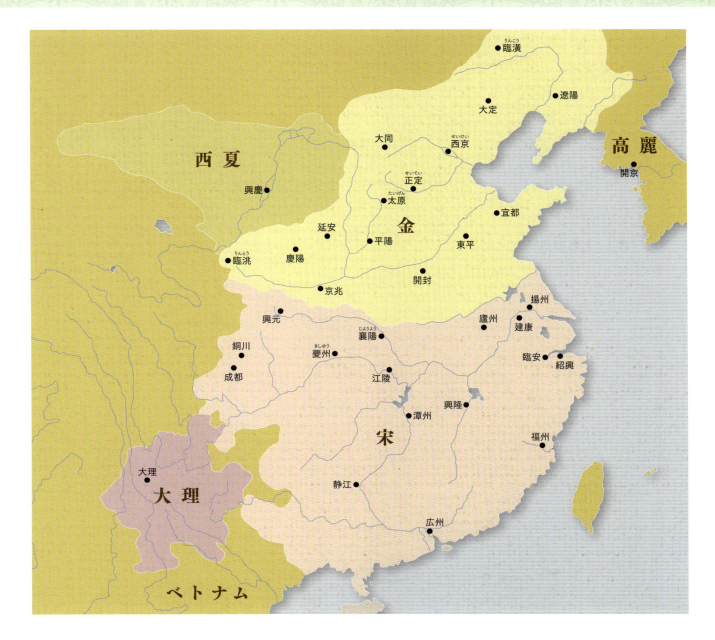

ド交易を完全に支配していたことは、宋が海のシルクロードに注目する理由のひとつとなった。

陸上交易の活性化を促すため、宋は北の国境沿いに政府監督下の市場を設置した。中国は大量の絹、紙、磁器、漆器、貴金属の装身具、それに茶、生姜、米や穀物といった農産物と交換に、軍用馬やラクダや羊のほか、シルクロードを運ばれてきた品々——インドおよびペルシア産の綿織物や絹の錦、武器、象牙、香水、宝石、香など——を受け取った。また、茶や塩といった生活必需品の生産、スパイスや香料の輸入については専売制を設け、政府の歳入増加を促した。だが、シルクロードの陸路を通じた中国との直接交易は徐々に衰退していく。その結果、中央アジアや西アジアとの接触が減少し、中国はほかの大陸アジアから地理的・文化的に孤立しているとの印象が強くなっていく。

和親政策のつけが回り、宋が軍事的に弱くなっていることに気づいた女真族は、1127年に宋の首都、開封を攻撃・制圧した。宋は南への遷都を余儀なくされ、1138年、揚子江デルタの杭州に都を定めた。この出来事を境に宋王朝を2期に分け、侵攻前を北宋、侵攻後を南宋と呼ぶ。

淮河以北の領土の支配権を失い、シルクロードの陸路に直接入ることができなくなった南宋は海のシルクロードへの依存を高めていった。広州、泉州、福州など、中国の主な港湾都市はすべて南部にあり、これらの都市はますます栄えていくと同時に、永住するようになったアラブやインドの交易商人たちでますます多国籍化していった。海上交易の力を借り、中国経済は確実に繁栄を続けていた。

［上］金侵入後、1142年の南宋領。中国の北部3分の1（淮河を境界線とする華北と呼ばれる地域）が金の支配下にあったことがわかる。

シルクロードの黄金時代

長安

　長安は10を超える中国王朝の首都となった。シルクロードの東の終点として、世界屈指の大都市となった長安には、移住者たちの大規模なコミュニティと活気に満ちた市場が存在し、そこでは商取引と同じくらい異文化交流が重要だった。

　この都市の起源は、西周王朝が長安の最終的な場所の近くに首都を築いた紀元前2千年紀末期にさかのぼる。東周は首都を東の洛陽に移したが(洛陽への遷都は中国史に共通するテーマ)、前漢代の紀元前202年に首都は長安に戻った。

　現在の陝西省西安のちょうど北西、黄河と渭河の近くに位置し、山々に囲まれていたことは、都を侵略者から守るうえで役に立った。長安は、甘粛、四川、河南、湖北、山西へ通じるすべての道が集まる場所であったと同時に、中国を起点とするシルクロードのメインルートとなっていく河西回廊の端に位置していた。

　紀元前100年ごろ、漢の武帝はいくつかの宮殿や寺院を都に加え、皇帝の庭園を作った。シルクロードが本格的に開通し、交易のキャラバンが頻繁に長安へ入ってくるようになったのはこの時期で、長安はたちまち国際的な大都市となり、西暦2年を迎えるころには、およそ25万人がそこで暮らしていた。

　西暦23年、ある農民反乱のさなか、長安は占領・略奪された。2年後、樹立されたばかりの後漢が都を洛陽に移すと、長安は長い衰退期に入り、その間に匈奴によって占領され、ほとんど破壊されてしまった。その後は、五胡十六国時代にいくつかの小国の都になったほか、魏、周、隋王朝の都としての役割を果たした。

　618年から3世紀にわたり、長安は唐王朝の首都として、世界最大かつ最も重要な都市のひとつとなった。100万を優に超えるさまざまな人たちが暮らす長安には、碁盤の目のように道が走る広大な街と、複雑な行政官僚制度と、優美で独創的な芸術の世界があった。

　しかし755年の安史の乱以降、長安はたびたび略奪され、都のほとんどが破壊された。763年、長安は一時的に吐蕃に占領され、その後間もなく、吐蕃と回鶻(ウイグル可汗国)の軍勢に攻囲された。黄巣の乱のさなか、880年には再び蹂躙され、都を奪還した唐軍にも略奪され、その後市民は再び都を奪い返した黄巣に虐殺された。904年から906年にかけて、長安は武将朱全忠の攻撃を受け、首都は再び洛陽へ移された。その際、住民の多くが木造の建物ともども文字どおり移動させられたため、長安は廃れていった。

　1369年、長安はもとの場所の南東に再建され、明王朝が建国されたあと、西安(西の平安)と改名された。現在、西安は陝西省の省都で、900万人近い人たちが暮らしている。

紀元前200年–西暦100年

❖紀元前200年
長安が築かれ、漢王朝の首都となる。

❖西暦23年
農民の反乱で長安が占領・略奪される。

❖25年
首都が洛陽へ移される。

100–500年

❖190年
長安に遷都。

❖196年
洛陽に遷都。

❖312–417年
長安が西晋、前趙、前秦(351–385年)、後秦の首都となる。

❖417年
東晋の劉裕が長安を征服する。

500–700年

❖535–581年
長安が西魏および北周の首都となる。

❖582年
隋王朝の文帝が長安の南東に大興という新しい首都を建設する。

❖618年
大興が長安と改名され、唐王朝の首都となる。

700–800年

❖756年
安史の乱のさなか、長安が一時、反乱軍に占領される。

❖763年
長安が一時、吐蕃に占領される。

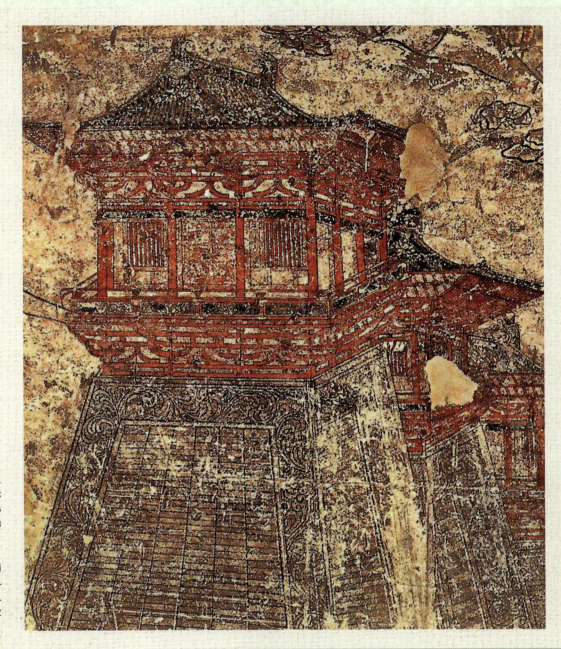

[右] 長安の城壁に並ぶ「闕」(儀礼的に建てられた望楼)を描いた8世紀唐代の墓壁画。

[次ページ] 中国陝西省、華山の眺望。これらの山々は長安を侵入者から守るうえで役立った。

	800–1300年		1300年–
❖765年 長安が吐蕃と回鶻の連合軍に攻囲される。 ❖783年 朱泚の乱で長安が反乱軍に占領される。	❖880年 黄巣の乱の指導者に長安が占領される。 ❖882年 長安が唐軍にも奪還・略奪され、その後市民が黄巣軍に虐殺される。	❖904年 朱全忠が長安の建物を破壊し、物品は新しい首都、洛陽へ移すよう命じる。	❖1369年 長安が西安と改名される。 ❖1370年 新しい城壁が築かれる。 ❖1936年 西安事件を契機に、抗日に向けた中国国民党と共産党の協力関係(国共合作)が始まる。

シルクロードの黄金時代

❖ モンゴル

13世紀初頭、モンゴルでは一首長の息子、テムジンの指揮のもと、遊牧民の諸部族が統一された。1206年、テムジンはモンゴルの統治者としてチンギス（ジンギス）・ハンの称号を受け、即位を宣言する。そのころ、寒さが厳しく乾燥した中央アジアのステップ地帯は、過去1000余年で最も穏やかで雨の多い時期を迎えていた。広範囲にわたる軍事作戦に必要とされる軍馬やそのほかの家畜を飼育するには理想的な環境であり、チンギスが着手したのはほかならぬ、この軍事作戦だった。チンギスの軍隊は中国北部を支配していたさまざまな王国をあっさり打ち負かし、そのあとは、西へ向かって中央アジアの定住地に侵攻し、トランスオクシアナとペルシア東部を征服した。

当初、この紛争はシルクロードの交易を中断させたが、遊牧民たちが敵を征服してしまうと、交易はすぐにまた動きだした。チンギスおよびモンゴルには交易を支援してきた歴史があった。外国の商人、主として仏教徒のウイグル人は、「オルトク」契約として知られる商業的パートナーシップのもと、モンゴルの資本と保護を受け、帝国の支配地全域で遠隔地交易を行うことができた。こうした契約により、自前ではほとんど生産していない製品だけでなく、近隣の文化に関する情報ももたらされるため、モンゴルにとっては極めて重要な契約だったのだ。

チンギス・ハンが亡くなる1227年までに、モンゴル帝国の領土は太平洋からカスピ海にまで広がり、ローマ帝国が最盛期だったころの2倍の地域を取り込んでいた。チンギスは、ブハラ、サマルカンドという活気に満ちたふたつの交易都市を攻囲し、焼き払ったが、アジア大陸全域に帝国の版図が拡大したことにより、この地域に政治的安定がもたらされ、それはシルクロードの次なる大黄金時代の到来を告げていた。

チンギス・ハンが死去すると、帝国に亀裂が生じ始めた。皇位継承や、帝国が定住性の国際的国家になるべきか、草原遊牧民のルーツに忠実であり続け

［左］チンギス・ハンの孫で、元王朝の創始者フビライ・ハン（在位1260–1294年）を描いた13世紀の絵画。

［右ページ］モンゴル、ウランバートルの近くにある世界最大のチンギス・ハン像。

シルクロードの黄金時代

るべきかを巡って、息子や孫たちが争っていたからだ。そうした不調和があったにもかかわらず、モンゴル帝国は中国とペルシアをさらに攻略したほか、チベット、コーカサス、ロシア、ウクライナ、そしてヨーロッパの一部を占領し、版図を拡大し続けた。1258年にはアッバース朝の輝かしき首都、バグダードを容赦なく蹂躙してアッバースを破り、その後も引き続きシリアに侵入して、そこが中東におけるモンゴル帝国版図拡大の西端となった。

モンゴル内でくすぶっていた争いはやがて内戦を引き起こし、チンギス・ハンの多くの孫のひとりであるフビライ・ハンが指導者として台頭するも、これで内部分裂に終止符が打たれることはなかった。1271年、フビライは中国に創建した新しいモンゴル族の政権を元と改名し、本拠地を大都(そこが最終的には北京となる)に移す一方、宋から国の支配権を完全に奪い取る軍事作戦を続行し、その目的は1276年に達成された。

チンギス・ハン家末流たちの不和が続いた結果、1294年にフビライが亡くなるころにはもう、モンゴル帝国は3ハン国と1帝国、すなわち、北西部のキプチャク・ハン国、中央アジアのチャガタイ・ハン国、南西部のイル・ハン国、そして中国の元王朝の4つに分裂していた。1304年、4国はすべて、これまでどおり独立国として機能していたが、ハン国は和平協定に合意し、フビライの孫に当たる元の皇帝テムルの主権を認めた。

この和平協定により、ユーラシア全土に比較的安定した時期、いわゆるパクス・モンゴリカ(モンゴルの平和)が到来した。唐代と同様、こうした安定は、アジア・ヨーロッパ間の国際交易と文化交流に急速な発展をもたらした。モンゴル帝国は、中国、中央アジア、中東、東ヨーロッパをひとつのシステムにつなぐと同時に、イスラムのカリフが世界規模の交易を支配している状況に終止符を打ち、ユーラシア北部に広がる交易網を統一した。商人には免税の特

[上]ニュルンベルクのミヒャエル・ヴォルゲムートが15世紀末に描いた黒死病にまつわる寓意画「死の舞踏」。ペストがもたらす荒廃は、中世ヨーロッパでは、全人類を苦しめる災いと感じられていた。

マルコ・ポーロ

ヴェネツィアで1254年ごろに生まれた若きマルコ・ポーロは、1271年、宝石商人の父と叔父とともに旅に赴き、シルクロードを経てモンゴル帝国の中心部に入った。父と叔父はそれ以前にフビライ・ハンの朝廷を訪れており、ヨーロッパに戻ってフビライにキリスト教について解説する学者たちを派遣するよう法王を説得してほしいと依頼されていたのだ。ヴェネツィアを発ってから4年、一行は内モンゴルの上都（ザナドゥとしても知られる）にあるフビライの夏の宮殿に到着した。

およそ17年後、ポーロ一行は帰途に就くが、当初はペルシアのアルグーン・ハンのもとへ嫁ぐモンゴルの王女をともなっていた。旅は1292年ごろに始まり、一行は海路でスマトラ、セイロン（現在のスリランカ）、南インドを経てペルシア湾に至り、その後、陸路でイランからコンスタンティノープルを経て、1295年にヴェネツィアへ到着した。3年後、マルコ・ポーロはヴェネツィアとジェノヴァの海戦に従軍していたときに捕虜となり、投獄された。そこで語った物語が、ピサの作家ルスティケッロの関心を引き、彼はマルコの話を書き留めるようになった。ルスティケッロは物語の多くの部分を潤色しており、『百万の書』『マルコ・ポーロ旅行記』［日本では『東方見聞録』］など、数々のタイトルで出された書籍の正確性はひいき目に見ても疑わしいが、この本はヨーロッパの人々に摩訶不思議な東方世界を紹介し、人気を博すことになった。釈放後、マルコ・ポーロはヴェネツィアに戻り、1324年に亡くなるまで、その地を離れることはなかった。

［右］マルコ・ポーロを描いた19世紀ドイツの版画。

イブン・バットゥータ

　しばしば世界初の旅行家と称されるムハンマド・イブン・バットゥータはモロッコの学者で、30年近くかけて中世世界を広く旅して回った。1304年、モロッコのタンジールでイスラム法学者の家に生まれたバットゥータは、教育を終えた後、21歳でメッカ巡礼に出立した。何度も回り道をし、極めてとりとめのないルートを取りながら陸路を旅し、アレクサンドリア、カイロ、ダマスカス、ヘブロン、エルサレム、ベツレヘム、メディナを巡って、1326年にようやくメッカに到着した。そのあとも、バットゥータは帰路に就くどころか旅を続けた。最終的には北アフリカ、アフリカの角、西アフリカ、中東、中央アジア、東南アジア、南アジア、中国を巡り、現在の国にしておよそ40か国、距離にして約12万kmを踏破した。盗賊や海賊に襲われたこともある。インドとモルディブでは法官として働き、結婚と離婚を繰り返し、何人もの王女、スルタン、皇帝と出会った。晩年になって、バットゥータは『都市の不思議と旅の驚異を見る者への贈物』[邦訳は『三大陸周遊記』前嶋信次訳、角川書店、1961年]と題した旅の見聞を口述した。そして1368年もしくは1369年に亡くなった。

[左]イブン・バットゥータ。ジュール・ヴェルヌ『地球の発見 Découverte de la terre』に描かれた19世紀の挿絵より。

権と、帝国公認の宿駅を使用する許可が与えられ、盗賊の襲撃で被った損失は帝国の財源で補償された。

　しかし、良いことには必ず終わりが来る。1330年ごろ、アジアで黒死病（ペスト）の大流行——始まりは中国西部かステップ地帯のいずれか——が発生、1331年に中国の河北省を襲い、3年後には住民の9割が死亡した。その後、黒死病はシルクロードに沿って西へ広がった。続いて、ペルシアで大流行が発生、その後、シルクロードのタラス、サライ、サマルカンドの各都市で発生し、いずれの都市も人口の最大7割を失ったと考えられている。1335年、ペストはイル・ハン国の支配者アブー・サイードとその息子たち、そしてペルシアの人口の約3割の命を奪った。アブー・サイードには決められた跡継ぎがいなかったため、彼の死は後継者争いを引き起こし、イル・ハン国はモンゴル人、トルコ人、ペルシア人が入り交じって支配する小規模な王国へと次々に分裂していった。

　黒死病の破壊は終わらなかった。1346年から1353年にかけて、黒死病はヨーロッパで猛威を振るい、犠牲者は人口のおよそ半分、推定7500万人から2億人が死亡したと考えられている。疫病はシルクロードの交易商人によって運ばれ、陸路と海路の両方を通って西へ伝播したと思われ、1347年には中東へ到達した。まずコンスタンティノープルを経てアレクサンドリアへ、それから現在のレバノン、シリア、パレスチナの都市へ伝播し、さらなる荒廃をもたらした。そして1349年にはメッカにも感染が広がった。

　当然のことながら、黒死病は深刻な人口減少を引き起こし、シルクロードの交易を含め、国際交易全体が衰退することになった。また、この疫病はアジアが——そしてシルクロードが——元朝として享受してきた政治的安定期が終わりを告げる前兆となり、チャガタイ・ハン国とイル・ハン国は権力を失っていった。

　黒死病が発生したころ、中国は広範囲の干ばつというもうひとつの天災に見舞われ、その結果生じた壊滅的飢饉によって、600万人もの人が命を落としていた。この天災は、モンゴルが「天命」を失ったしるしとあまねく解釈され、全国各地で反乱が勃発した。その時期に台頭してきた武将のなかに、朱元璋という南京出身の農民がいた。朱元璋は反乱を指揮した後、統一軍を作り上げ、中国からモンゴル人を追い出し、もといた内蒙古へと退けた。1368年、朱元璋は自ら新しい明王朝の皇帝を名乗り、南京を都とした。

［上］後に洪武帝として知られるようになる朱元璋は、1368年に明の初代皇帝となった。

シルクロードの黄金時代

4 海のシルクロード

海のシルクロード

陸のシルクロードと並行して走る海の交易網は、最終的にアジア、中東、アフリカ、ヨーロッパを結びつけた。陸のシルクロードと同様、海の交易網は、さまざまな国や地域の港を結ぶ輪が複雑に絡まったかせのようだった。この海のシルクロードは、交易にとっては陸のシルクロード以上に重要だったと言えるだろう。陸路よりも海のシルクロードを通って、より多くの絹やそのほかの品々が西へ運ばれていったと考えられている。

海の交易路で船の寄港頻度が最も高い港がやがて活気あふれる裕福な沿岸都市へと成長し、そのような都市のにぎやかな市場で物や思想の交換がなされた。一時的に滞在する商人や船乗りたちが文化の交流を促し、港に到着する各船は、貴重な物理的貨物を運んでくると同時に、大量の知識や特有の文化をもたらした。アレクサンドリア、マスカット、マラッカ、広州、ゴアといった都市の歴史と繁栄は例外なく、海のシルクロードの要衝としての地位に端を発している。

海の交易路は、南シナ海、インド洋、ベンガル湾、アラビア海、ペルシア湾および紅海、マラッカ海峡を取り囲み、日本の西側沿岸から中国沿岸、東南アジア、インドを経て中東、東アフリカに至る1万5000kmに及ぶ距離を網羅している。最も重要なルートのいくつかは、バルバリコン、バリュガザ、ムジリスといったインドの港と、アラビア海のマスカット、スール、カネー、アデン、紅海のミュオス・ホルモス、ムーザ、ベレニケといった中東の港

[右] バルセロナのカタルーニャ歴史博物館に展示されているコカ・デ・マタロの復元模型。1450年ごろに建造されたコカ・デ・マタロは、この時期に航行していた中世の船の典型例。このタイプの船は10世紀に開発され、12世紀から14世紀にかけて広く用いられた。

紀元前5000–3000年	紀元前3000–1100年	紀元前1100年–西暦500年	500–1500年
❖紀元前5000年ごろ ペルシア湾で人が初めて航海に出る。	❖紀元前2000年ごろ 交易商人がモンスーンを利用してアラビア半島・インド間を航行する。	❖西暦60年ごろ 『エリュトゥラー海案内記』が出版される。	❖700年 アラビアと中国とのあいだで初めて海上交易のつながりが確立する。
❖紀元前3000年ごろ アラビア海で海上交易が始まる。	❖紀元前1100年ごろ 交易商人が東シナ海ルートを航行する。	❖240年代 東南アジアでの交易のチャンスを探るべく、中国が使節を送る。	❖982年 中国とフィリピンが交易で接触を持ったことが初めて記録される。
		❖500年ごろ ローマが紅海の港の支配権を失う。	

を結んでいた。そして中東から地中海、ヨーロッパへと物を運んでいくことができたのだ。

海の交易商人は季節性のモンスーン(「季節」を意味するアラビア語)を利用するのが普通で、7月、8月、9月の風はインド洋を渡って東のインドへ、12月、1月、2月の風は西の中東へと船を運んだ。昔の船乗りはモンスーンのなすがままだったため、季節が移り、風向きが変わるのを待ちながら、港に長期滞在せざるを得なくなることもしばしばだった。そのおかげで、商人を相手に交易品を保管する倉庫、滞在中の食料や宿泊施設を提供する商売を営む港がいっそう繁栄したと同時に、文化交流の機会も増えた。

交易商人にしてみれば、海路のほうが陸路に比べていくつか利点があった。たとえば、陸路では複数の地域を通過しなければならず、通常、それぞれの地域で商品に課税され、金を取られていた。これに対して、海路の交易商人は、多くの場合、ある港で買い入れた商品を別の港に直接輸送することができ、到着港で1度だけ税金を支払えばよかった。それに船の場合、好ましい状況であれば、陸路の商人が利用した、とぼとぼ歩く馬やラクダのキャラバンよりもはるかに速く進む。ただし、状況があまり良くなければ、海路は非常に危険となる可能性があり、嵐や暗礁でおびただしい数の船が失われた。そ

[上]マルコ・ポーロとルスティケッロによる『驚異の書』[『東方見聞録』]より、羅針盤を使って航海をする船乗りが描かれた15世紀フランスの挿画。

[次ページ]ある画家が描いたエジプトの銅製品の市場。シルクロード上にあった中東の港町で栄えていたであろうバザールの一例。

❖ **1371年**
中国の海上交易を制限する海禁政策が制定される。

❖ **1405–1433年**
鄭和がインド洋周辺で7回の遠征を行う。

❖ **1497年**
ヴァスコ・ダ・ガマが喜望峰を回る。

1500–1600年

❖ **1511年**
ポルトガルがマラッカを占領し、マラッカ海峡の支配権を手に入れる。

❖ **1521年**
フェルディナンド・マゼランがスペインからフィリピンまで航行する。

❖ **1567年**
海禁政策が緩和される。

1600年–

❖ **1647年**
清の統治者が海禁政策を再び制定する。

❖ **1727年**
南シナ海での合法的交易が再開される。

海のシルクロード

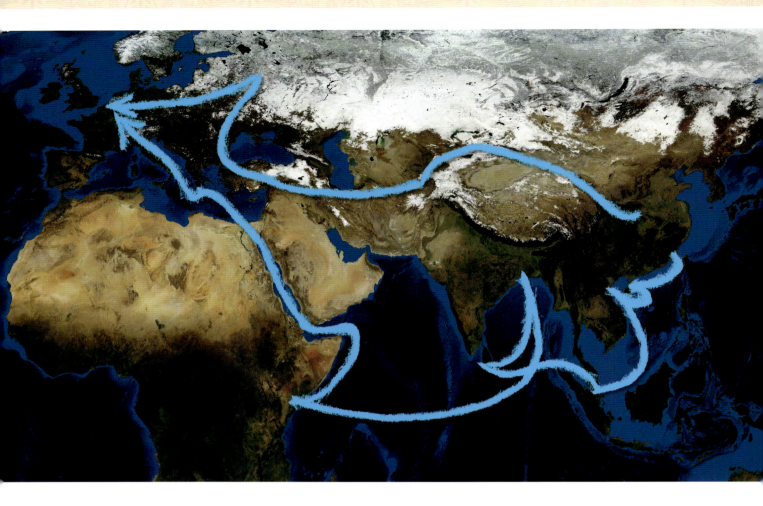

して最後に、船は荷役用の動物よりもはるかに多くの荷物を運ぶことができた。磁器やお茶といった商品の人気が高まりつつあり、大量の荷物が運べることはとりわけ重要な利点となった。10世紀を迎えるころ、船は通常、ラクダが耐えうる重量の約1000倍の重さの荷物を運べるようになっており、必要となる人手もシルクロードのキャラバンよりはるかに少なくてすんだ。

にぎわう港では陸路から海路へ、海路から陸路へと物資が運搬され、陸と海のシルクロードは物理的に結びついていたが、それぞれの盛衰は逆方向へ動くこともあった。紛争やそのほかの要因によって、陸路の横断にともなう危険や困難が増すと、交易商人は海に頼った。そして、陸のシルクロードがいよいよ使われなくなっても、海のシルクロードは繁栄を続けた。

✤ はじまり

人は紀元前6千年紀の末にはもう、ペルシア湾とオマーン湾で航海に出ており、その後間もなく、紅海にも出帆していたことが考古学的証拠によって示唆されている。紀元前3千年紀には小さな交易船がアラビア海の沿岸水域を航行し、アラビアとインド亜大陸を結ぶ海岸線上の小さな町、村、交易港のあいだを行き来していた。

当初、こうした小規模な交易商人は、海に出るといっても、おそらく地元の港からわずかな距離を進んだにすぎなかったのだろう。だが紀元前2千年紀の終わりまでに、インドとアラブの商人はモンスーンを利用して外洋を渡っていた。こうした初期の交易により、乳香や没薬といったぜいたく品がアラビア半島からインドへ、スリランカのシナモンや中国のカッシアなど、アジアのスパイスが中東へもたらされた。また、交易商人たちは東アフリカ沿岸の集落とも接触し、そこに住む人たちと生活に必要な食料品や建材を交換した。

同時に、海上の交易商人たちは、初期のフェニキア、エジプト、キプロス、ギリシアを含む地中海のネットワークを発展させていた。フェニキアは古代世界最大の海洋文明地域となり、紀元前1千年紀のほとんどの期間、地中海の海上交易を支配した。

一方、紀元前4000年ごろの東方では、台湾および中国南部から東南アジアへ、最終的にはポリネシア、メラネシア、太平洋全域へと移住の波が起きていた。移住の広がりは、かなり高度な造船技術によって促進され、これらの人々は定住するとすぐ、

［上］海の交易路のおかげで商人たちは異なる領土で何度も税金を払うことなく、迅速に物品を輸送することができた。現在、これらの海上ルートが復活を遂げようとしている。このNASAの地図が示しているのは、海のシルクロードと陸のシルクロード経済ベルトを統合した「一帯一路」と呼ばれる、中国政府が提唱する構想（246から249ページ参照）。

香料諸島

1000以上の島からなる群島、モルッカ諸島(もしくはマルク諸島)は、現在のインドネシア、スラウェシ島の東、バンダ海に位置し、ナツメグ、メース、クローブが生育する唯一の場所だったため、昔から香料諸島として知られていた。14世紀に初めて外部世界に発見され、アラブの交易商人が訪れるようになった。

スパイス交易がほぼ陸路で行われていた初期のころ、スパイスはヴェネツィア(ヨーロッパと東洋の交易における、当時の主要な接点)に到着するとすぐ、価値が1000%跳ね上がることもあったらしく、供給源を支配すれば、大もうけできる可能性があった。マラッカを併合したばかりのポルトガルは1513年にこの群島へやってきた。その後、1500年代後半にはオランダとイギリスがやってきた。オランダは、オランダ東インド会社(DEIC)という形で、いくつかの島に居留地を設定するようになり、やがて群島の支配を巡ってポルトガルと戦った。1667年、オランダは勝利を収め、DEICはこれまでの世界では類を見ない大金持ちの民間企業となった。

今もモルッカ諸島はクローブ、メース、ナツメグ、コショウの世界一の産地となっている。

[上]インドネシアのモルッカ諸島の北部、1000以上の島々からなる群島の一部は、まとめて香料諸島と呼ばれており、最終的に海のシルクロードを通じて外部世界とつながった。

互いに交易を始めた。

中国自体は、こうした初期の海上交易網に参加するのが比較的遅かった。古代および中世の中国は、もっぱら陸上中心の農業社会であり、海上遠征や海上交易を行うことはまれだった。しかし紀元前2千年紀の半ば、商[殷の別称]王朝のころには、中国と東南アジアの一部とのあいだで交易が行われていた。こうした交易は、主として象牙、犀角、鼈甲、真珠、鳥の羽など、天然物を取引する形で行われ、ほとんどは陸路で運ばれたと思われるが、中にはマレーの交易商人によって小型の沿岸船で運ばれた物もあった。中国で海上交易の重要性が高まっていた

海のシルクロード

ことは、タカラガイが通貨として使用されていた事実に示されている。

　紀元前11世紀の周代には、中国と日本と朝鮮が、東シナ海航路として知られるようになるルートで互いに交易を行っており、その起源は、中国の周王朝によって朝鮮へ送られた箕子という賢人の航海にあると言われている。箕子は、山東半島近くの渤海湾から出航し、黄海を渡って朝鮮へ赴き、その地で農業、養蚕（絹の生産）の秘訣、絹の製糸および織物を教えた。

　紀元前1千年紀後半には、玉の装身具が広範囲に及ぶ海上交易網を介して台湾から東南アジアへと移動しており、インドとマレー半島のあいだで頻繁に交易が行われていた。インドの職人がマレー半島沿岸の町に店を出すようになり、そこで地元の市場向けに色鮮やかなガラスのビーズを作っていた。

　紀元前3世紀から2世紀にかけて、海の交易網は大幅に拡大した。中国の船はインドやスリランカまで航行し、そこでアラブの商人と出会った。海路はアレクサンドリアと中国をつなぎ、アラブやインドのダウ船は紅海を下ってスリランカまで航行し、インドのダウ船はマラッカ海峡まで赴き、そこで中国のジャンク船と出会った。朝鮮も黄海周辺の交易の担い手となっており、日本と中国の港を巡って動き回っていた。朝鮮の船はさらに南へ、現在のベトナムまで物品を運び、モルッカ諸島（香料諸島）やジャ

［上］紀元前1200年から800年にかけて、地中海東部のフェニキアは海上勢力として支配権を握っていた。このアルバート・セビルによる20世紀の水彩画は、エジプトのファロスに到着したフェニキア商人の船を描いている。

ワ島東部にまで赴き、そこでクローブ、ナツメグ、メースを大量に積み込んだ。紀元前2世紀にシルクロードの陸路が開通すると、海の交易網の発達に拍車がかかった。陸路でインドの港へ運ばれた物品が、その後、インドや東南アジアのほかの地域に船で輸送されたからだ。

アラビア海周辺で急成長していた交易は、この地域を支配する王朝の関心を引き寄せた。紀元前3世紀、ヘレニズム国家のセレウコス朝とプトレマイオス朝は、地中海の港と、アラビアやインドへ通じる紅海ルートの進入路を支配するべく戦った。当時は陸でも海でもアラブ人がレヴァントの交易を支配していた。彼らはペルシア湾からメソポタミア、紅海からアフリカ北東部沿岸、スエズ地峡からエジプトおよび地中海へ自由に赴くことができた。

また海上交易が活発になったおかげで、ローマ時代のエジプトでは多数の港が発達し、中でもアレクサンドリアの発展は目覚ましかった。紀元前80年にプトレマイオス11世が遺言でアレクサンドリアをローマに委ねたが、そのころまでに、この港町は入港税による収入で潤っていた。ローマ人はインドとの交易の要衝としてアレクサンドリアを活用し、この町は古代世界で最も重要な商業の中心地へ、そして最大のスパイス市場へと急成長した。と同時に、大量のエジプト綿と小麦がアレクサンドリアから海路でローマへと運ばれた。

このほか、ローマ時代の港でこうした新しい交易環境で繁栄することになったのは、ナイル渓谷やメンフィスへとつながる紅海沿岸のミュオス・ホルモスだった。ミュオス・ホルモスはベレニケと並び、ローマ時代のエジプトにおいてインド・アフリカ交易を担う2大港だった。ギリシアの地理学者ストラボンは、紀元前25年ごろ、毎年少なくとも120隻の船がミュオス・ホルモスからインドへ航行していたと報告している。

海上交易にかかわった王国は、そこから大きな利益を得た。多くの国が商人に重い税金を課し、中でもローマの課税は厳しかった。ローマは帝国に入ってくる物品にテタルテ(「4分の1」)と呼ばれる25%の税金を課し、これはとりわけインド洋の交易に影響を与えた。

さらに東の地域では、漢王朝がマレー半島に接触していた。この細長い半島は、南シナ海の交易網とベンガル湾の交易網をつなぎ、さらにインド洋、紅海、ペルシア湾、アフリカ大陸の沿岸へとつなげるうえで重要な役割を果たした。ほとんどの船はマラッカ海峡、すなわちマレー半島とインドネシアのスマトラ島を隔てる狭い水域を通っていく。海峡を

［上］長沙の湖南省博物館が所蔵する紀元前5世紀の帛画(はくが)には、竜に乗った男性(あるいは仙人)が描かれている。現存する最も古い帛画のひとつであるこの作品は、長沙の子弾庫1号墓で、外側の木槨(もっかく)と内側の木棺を仕切る空間部分で発見された。

［下］エジプトの墓から出土した紀元前1950年から1885年ごろのタカラガイ。このようなタカラガイは、海上交易が増えてきた商王朝時代に通貨として使われるようになった。

海のシルクロード

マスカット

　マスカットは現在のオマーンの北東部沿岸の入り江に位置し、オマーン湾とホルムズ海峡を見下ろしている。何世紀にもわたり、マスカットは海のシルクロードの最も重要な交易拠点のひとつであり、ペルシア湾を進んで東のアジア方面やインドおよびインド洋へ、あるいは西のアラビア沿岸を進んでアフリカへ向かう商人たちにとって、なくてはならない寄港地だった。そして戦略的位置にあるがゆえ、富をもたらす海路を支配したい侵攻勢力の関心の的となった。

　マスカット周辺地域には紀元前6千年紀から人が暮らしている。ハジャル山脈に囲まれた集落は、陸からはほとんど近づくことができなかった。入り江が三日月形で、淡水の供給も豊富だったため、ここは天然のシェルターとなっており、港が発展するには絶好の立地だった。早くも西暦1世紀には、ギリシアの地理学者プトレマイオスが、この地をクリプトゥス・ポルタス(「隠れた港」)と呼んでいた。

　マスカットは西暦3世紀にササン朝ペルシアに攻略され、その後7世紀にはイスラム軍に征服された。751年、オマーンの部族派閥の統合が始まったが、小競り合いは相変わらず起きており、完全に内乱状態にあった9世紀の終盤、オマーンはバグダードのアッバース朝に侵略された。

　インド洋と交易上の強いつながりを持っていたアッバース朝の統治下では、船がインドや中国や東アフリカとのあいだを行き来していたため、貿易港としてのマスカットの

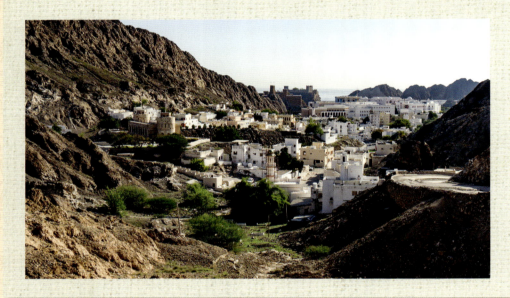

[左]かつて海のシルクロードの交易の要衝だったマスカットの旧市街と、そのほかの部分は、沿岸の山によって隔てられている。

[右ページ]マスカットを取り囲むハジャル山脈のビラード・サイト村は、数千年続いてきた集落の伝統を今も続けている。

紀元前5000年

◆ 紀元前5000年ごろ
最初の定住。

◆ 紀元前550年
アケメネス朝が権力の座に就く。

◆ 紀元前250年ごろ
パルティア人が権力の座に就く。

西暦0-1500年

◆ 300年ごろ
イエメンのアラブ人が権力の座に就く。

◆ 633年
この地域にイスラム教がもたらされる。

◆ 751年
イバード派のイスラム教徒がオマーンにイマーム制を確立する。

◆ 900年ごろ
アッバース朝がオマーンを侵略する。

◆ 1330年
イブン・バットゥータがマスカットを訪れる。

1500-1700年

◆ 1507年
マスカットがポルトガル軍に占領される。

◆ 1546-1581年
マスカットがオスマン軍に攻撃され、略奪される。

◆ 1586-1588年
ポルトガル人ががジャラリー砦とミラニー砦を築く。

◆ 1624年
マスカットを囲む城壁の建設が始まる。

◆ 1650年
スルタン・ビン・サイフの軍勢がマスカットを掌握し、ポルトガル人を追放する。

重要性は高まったが、それでも当時は、北西に位置するソハール港の補助的存在だった。アッバース朝の統治は11世紀まで続いたが、ヤーマドというオマーンの部族が彼らを追い出した。そして海上交易と、海上交易を担っていたマスカットの繁栄は続いた。

16世紀が始まるころ、ポルトガルは海上交易の支配国家になることを目指し、いよいよ積極的になっていた。1507年、ポルトガル軍がマスカットに侵攻し、町を燃やして略奪し、住民の大半を殺害した。ポルトガルはふたつの砦を築き、町に高い城壁を巡らせたほか、隣接する沿岸に要塞化した前哨基地を建設した。

やがて、オスマン帝国がアラビア海周辺にあるポルトガルの前哨基地に対して軍隊を送り始め、1546年、マスカットを艦砲射撃にさらした。1552年と1581年から1588年にかけての2回、マスカットはオスマン帝国に占領されたが、いずれの場合もポルトガルに奪還されている。だが1650年、ポルトガルは永久にマスカットから追放されることになった。

19世紀になると、港としてのマスカットの運命は傾いていった。現在のマスカットはオマーンの首都として、約85万人の人口を抱え、再びにぎやかな大都市となっている。

1700–1800年

❖ **1737年**
ペルシア人が侵攻してくる。

❖ **1741年**
ブー・サイード朝がマスカットを支配する。

❖ **1743年**
マスカットがペルシア軍に占領される。

❖ **1749年**
ペルシア人が追放される。

❖ **1784年**
マスカット・オマーン君主国が樹立される。

❖ **1786年**
ブー・サイード朝がマスカットに首都を移す。

❖ **1793年**
マスカットがオマーンの首都となる。

1800–1900年

❖ **1820年**
新たにマスカット・オマーン・スルタン国が樹立され、マスカットが首都となる。

❖ **1832年**
サイード・ビン・スルタンにより、首都がザンジバルに移される。

❖ **1861年**
ザンジバルがマスカット・オマーンから分割される。

❖ **1891年**
オマーンがイギリスの保護国となる。

❖ **1895年**
マスカットがオマーン内陸部の部族に攻囲される。

1900年–

❖ **1913年**
スルタンがオマーン内陸部の支配権を失う。

❖ **1959年**
スルタン・サイード・ビン・タイムールが内陸部の支配権を取り戻す。

❖ **1970年**
無血クーデターでスルタンが息子に追放される。オマーン・スルタン国が樹立される。

海のシルクロード

095

支配する者が事実上、スパイス交易を支配し、いわゆるスパイス・ルートを航行する船に課税する権限を握りつつ、自らも交易に参加した。スリウィジャヤ（現在のパレンバン付近）や、かなりあとの時代になるがマラッカなど、マラッカ海峡を監視していた都市がこの交易を背景として豊かになり、力をつけていった。

マラッカ海峡を通ることのマイナス面は海賊に遭遇する危険だった。そのため、交易商人の中にはマレー半島の最狭部、クラ地峡に隣接する海岸で積み荷を降ろし、地元の人間に金を払って遠くの海岸まで荷物を運んでもらい、そこで別の船に積み替えて旅を続ける選択をする者もいた。こうした慣習の結果として、紀元前4世紀にはカオ・サム・ケオ（現在のタイ）に人が定住する基盤ができ、そこはやがて、アジア各地から商人や職人を引き寄せる国際的な交易拠点へと成長していった。

西暦1世紀を迎えるころ、船はアラビア海やベンガル湾を頻繁に航行していた。交易網が活況を呈し、利益が上がるようになるにつれ、沿岸の港や都市が成長していった。ギリシアのある商人が、紅海地域向けの『案内記』として知られる航行の手引きを書いたのはこのころだ。『エリュトゥラー海案内記』［村川堅太郎訳、中央公論新社、2011年］は、港やそこで手に入る交易品について明らかになっていたことをまとめたもので、当時、繁栄していた商業交易の非常に興味深い部分を垣間見せてくれる。

海上交易網が確立され、いよいよ安定してくると、外国からの影響が広がりを見せた。中でもインドの交易商人は、遠く離れた土地に交易用の植民地を増やしていった。西暦1世紀には、現在のベトナム南部とカンボジアに相当するメコンデルタに扶南国が興り、東南アジアでは初めてヒンドゥー化された有力古代王国となった。航海を生業とする扶南は、中国ともインドとも交易関係を持っていたが、インド文化からひときわ大きな影響を受けていた。240年代──中国の三国時代──には、呉の国王が交易拡大を視野に入れ、東南アジアの国々を調査するべく、南方へ外交使節を派遣した。船で扶南に赴いたふたりの使節、朱応と康泰がそこで見出したのは、インドやローマと収益の大きい交易を続けて豊かになり、繁栄している王国だった。

東南アジアは、インドと東アジアの海上交易路が合流する地点──インド洋と南シナ海の交差点だった。また、マレー半島、インドネシア諸島といった

［左］上等な生地を作るべく木綿糸を操るインドの織工を描いた19世紀の版画。

マラッカ

マレー半島とインドネシアのスマトラ島のあいだを走るマラッカ海峡（表記はムラカとも）は、西暦1世紀ごろから東南アジアの重要な海上交易路として機能してきた。西暦1千年紀の半ばには、半島の西海岸と海峡の北側の入り口に、貨物の集散拠点や、食糧の供給地が多数、設けられていた。

マラッカ市はオラン・ラウト（海の人）と呼ばれる漂海民が暮らす漁村としてスタートした。この港は、テマセク（現シンガポール）の統治者パラメスワラによって1400年ごろに設立された。パラメスワラはジャワ島のマジャパヒト王国の軍勢から攻撃を受け、この漁村に逃れてきたのだが、土地の特性——四季を通じて寄港できる、淡水泉が利用できる、海峡の最も狭い、戦略上重要な位置にある——に心を引かれ、ここに港と王国を設立することにした。海峡を通過していく船はやがて、この港に立ち寄り、食糧と真水を積み込んでいくようになった。

港はたちまち、マレー諸島で最も栄えている貨物集積拠点となり、スパイスを求め、モンスーンに乗ってやってくるアラブ人、ペルシア人、グジャラート人、タミル人、ベンガル人、日本人、シャム人、ユダヤ人、中国人など、さまざまな交易商人たちに食糧や水を提供していた。アラブ、ペルシア、インド商人の影響は大きく、マラッカはやがてイスラムのスルタン国となった。パラメスワラは庇護を求めて、中国の明と同盟を結び、中国の司令官、鄭和が航海で何度かここに寄港している。

16世紀の初めごろ、マラッカの成功にまつわる報告がポルトガルに届いた。1511年、ポルトガル領インドの総督アルフォンソ・デ・アルブケルケが艦隊を率いて来航した。2度目の試みでマラッカを征服した後、アルブケルケはほぼ難攻不落の要塞の建設を命じ、マラッカ海峡への出入りと、現地のスパイス交易を支配する権利を手に入れた。

マラッカ・スルタン国は明の朝貢国であり、同盟国であったため、中国はこの侵略行為を非難した。中国の交易商人はマラッカをボイコットし、ほかのアジアの商人たちも、半島南端のジョホール——ポルトガル人から逃れたマラッカ最後のスルタンが築いた港市国家——など、ほかの港を選んで使うようになり、結果として、マラッカは衰退していった。

その後300年にわたり、マラッカはオランダにイギリス、第2次世界大戦中は日本にと、さまざまな国に支配された。戦後はシンガポールの台頭とマラッカ川河口の深刻な土砂堆積が重なり、マラッカの港としての重要性は失われていった。2008年、マラッカの旧市街は世界遺産に登録された。

1400–1500年

◆ **1400年ごろ**
マラッカ市が造られる。

◆ **1405年**
鄭和がマラッカを訪れる。

1500–1700年

◆ **1606年**
オランダがマラッカを攻撃する。

◆ **1641年**
包囲攻撃後、オランダがマラッカを掌握する。

1700–1900年

◆ **1756年**
マラッカがブギス族に包囲される。

◆ **1795年**
フランスがオランダを侵略した後、マラッカがイギリス東インド会社の手に渡る。

◆ **1818年**
支配権がオランダに戻る。

◆ **1824年**
英蘭協定の一部としてマラッカがイギリスに譲渡される。

◆ **1831–32年**
ナニン戦争の結果、ナニン地区がイギリスに併合され、マラッカの一部となる。

098　第4章

伝説によると、マレー半島の
ベルタン川（現在はマラッカ川）河口にある
漁村を訪れた際、パラメスワラは
1本の木の下で足を止め、休憩をすることにした。
そのとき、連れていた犬の1匹が
ネズミジカを追い詰めたが、ネズミジカは反撃し、
犬は川に落ちてしまった。
ネズミジカの勇気に感心したパラメスワラは、
これは弱き者が強き者に打ち勝つ吉兆と受け取り、
そこに街を作ろうと決心した。
そして自分が座っていた場所に立つ木にちなみ、
街をマラッカと名づけた。

［左ページ］インドネシアのスマトラ島。マラッカ海峡とマレー諸島の境をなすこの地域は、西暦1世紀から国際的海上交易網の要衝となっていった。

［右］ポルトガル領インドの総督アルフォンソ・デ・アルブケルケを描いた1545年の絵画。アルブケルケは16世紀にマラッカを征服するも、交易同盟という外交関係を大いに損ね、結局、港の衰退を招くことになった。

1900–2000年

◆ **1942年**
日本に占領される。

◆ **1945年**
支配権がイギリスに戻る。

◆ **1946年**
マラッカがイギリスの直轄植民地となり、マラヤ連合に加わる。

◆ **1957年**
マラヤが独立を獲得する。

◆ **1963年**
マレーシア連邦が発足。

2000年–

◆ **2008年**
マラッカの旧市街が世界遺産に登録される。

地域はスパイスの重要な供給源であると同時に、富をもたらす交易の拠点となっていった。インドネシア諸島の各地で、港市国家として知られる初期の王国が、特定の物品の交易を独占したり、確立されたルートの中継地点になったりすることで豊かになっていった。

4世紀の終盤から西ローマ帝国がぎくしゃくし、崩壊が始まると、交易は低迷した。かつては富をもたらす市場だったローマ帝国だが、やがて異邦人の攻撃を退け、不安定化した内政への対処に重点を置くようになり、ローマ市場は崩壊した。5世紀の終わりに帝国そのものが崩壊すると、ローマは紅海沿岸の港に対する支配権を失い、その後、いくつかの港は放棄された。結果として、インドの交易商人が東南アジアとの交易に力を入れるようになり、彼らの影響力が拡大していった。

［上］11世紀に再建されたプノン・ダの古代寺院には、メコンデルタに興った扶南国の富と権力が反映されている。

［左］14世紀に出版された中国の歴史小説『三国志演義』の挿絵。漢王朝の崩壊後の時代に登場する英雄、戦い、神話を劇的に描いている。

エリュトゥラー海案内記

『エリュトゥラー海案内記』［村川堅太郎訳、中央公論新社、2011年］は海上交易商人向けに書かれた古代の「旅行案内」であり、当時、著者が把握していた航海事情の詳細や、さまざまな港の交易機会について述べている。periplusはギリシア語のperiplousがラテン語化した単語で、文字どおりには「周航」を意味する。エリュトゥラー海は紅海のギリシア語名だが、古代ギリシアでははるかに広い海域を指しており、『案内記』はインド洋、ペルシア湾、ベンガル湾、アデン湾を網羅している。

この書物が書かれた時期ははっきりしないが、1世紀の半ば、おそらく西暦60年ごろにさかのぼるのではないかと考えられている。著者も不明だが、取り上げている事柄や場所に関して、直接的な経験を持っていたギリシア商人もしくは船長だったと思われる。ギリシア語で書かれた写本は66節で構成され、節のほとんどは1段落にも満たない短さだ。

『案内記』の原本は存在しないことがわかっている。ビザンティウムの写字者により10世紀に作られた写本がハイデルベルク大学図書館に所蔵されており、大英博物館にも14世紀か15世紀の写本が存在する。

「そして、王のために、
**非常に高価な銀器、歌を歌う少年たち、
後宮に入るための美しき乙女たち、上等な葡萄酒、
最高級の織物で作られた薄い衣、
精選された香油が運び込まれた」**
——『エリュトゥラー海案内記』

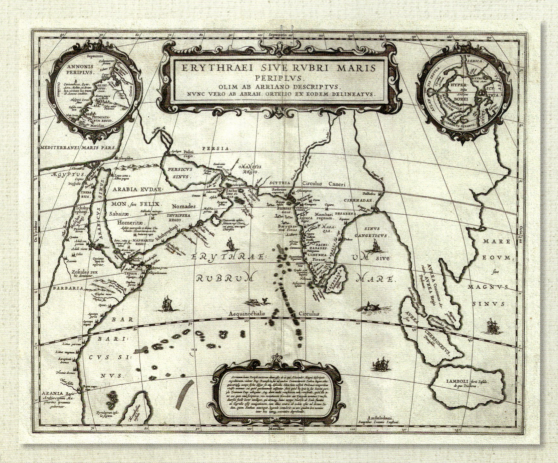

［左］オランダ製のこの素晴らしい地図は、現在はインド洋として知られるエリュトゥラー海を示している。1658年にアムステルダムのジャン・ジャンソンにより発行されたこの地図は、『エリュトゥラー海案内記』がもとになっていた。

海のシルクロード

❖ 盛衰

ローマの権力の崩壊は、陸のシルクロードが新たな混乱と対立の時代を迎えたことを告げており、多くの商人が海路に目を向けた。こうした変化が陸路の衰退を早める一方、航海、天文学、造船の技術的進歩が相まって、長距離を行く海の旅は徐々に安全かつ実用的になっていった。

アラブ、インド、中国の交易商人が広範囲にわたる交易網を拡大・統合した結果、中国、東南アジア、マラッカ海峡、インド、アフリカ、中東がつながり、中国南東部沿岸の都市が栄えた。中でもアラブの交易商人は、インド洋と南シナ海で地位を築き、中国との直接取引を始めた。一方、中国の船がペルシア湾や紅海を航行し、ペルシア、メソポタミア（ユーフラテス川上流）、アラビア、エジプト、アフリカの角のエチオピアやソマリアへ入港していることが確認されている。

618年に唐王朝が樹立されると、中国は再び栄え、政治的安定と経済的繁栄がもたらされた。東アジアの交易網周辺社会は、地域最大勢力との外交関係確立を願い、唐に朝貢使節団を送った。

この時期、中国には外国人が流入し、交易業を始めていた。9世紀の初めまでに、当時中国最大の港

［下］アンティキティラ島の機械として知られるギリシアの初期の計算機は、1902年に古代の難破船から回収された。紀元前150年から紀元前87年ごろに作られたものと思われる。この装置は天体の位置が計算できる設計になっており、海上航行で使用されていたのだろう。このような技術革新は、海の旅や海上交易の効率化に役立った。

［右］安史の乱は唐王朝に対する大規模な反乱で、唐の皇帝3代の治世にわたって続いた。この11世紀の絵画には、暴動を逃れて長安から四川省へ逃げ込む唐の玄宗皇帝（赤い衣の人物）が描かれている。

海のシルクロード

ベレニケ

現在のスエズの約965 km南、スーダンとの国境に近いエジプトの東部砂漠の端に位置する紅海沿岸の港ベレニケは、繁栄する海のシルクロードの交易拠点として800年の月日を過ごし、ヨーロッパ、中東、南アジア、サハラ以南のアフリカ、アラビア南部からやってきた品々がこの港で取引されてきたが、その後、放棄され、砂漠の砂に飲み込まれた。

紀元前275年にエジプトのプトレマイオス2世によって建てられ、自身の母にちなんで名づけられたベレニケは、当初、アフリカから象や金や象牙を輸入するために設立された。紀元前1世紀にはシルクロードの交易にとってベレニケの重要性はピークに達し、インド、アラビア、上エジプト間の交易では、積み替えに欠かせない港となっていた。そのころ、ベレニケなど紅海の港とインドとのあいだを、約75トンの貨物を載せた船が、毎年少なくとも120隻航行していたと推定される。ナイル川から東部砂漠を横断する2週間の旅を経てベレニケに到着した物品は、その後、船積みされ、紅海からインド洋を経てインドへ、アラビア南部へ、アフリカ沿岸へと運ばれていった。

ベレニケの生活環境は過酷だった。住人は酷暑と、非常に少ない雨と、虫の大量発生と闘うことを余儀なくされたが、これに耐えた人々は、大きな利益を生むスパイス交易と香料交易を背景に裕福になった。最盛期のベレニケは非常に国際的な港だったらしく、遺跡を発掘していた考古学者が、ギリシア語、ヘブライ語、コプト語、サンスクリット語のほか、まだ特定されていないものも含め、12の言語が刻まれた碑文を発見しており、さまざまな宗教に関する事柄が述べられていることは明らかだ。少なくともローマ時代の初期からインドの交易商人がベレニケで活躍していたことを示す十分な証拠が存在する。

3世紀か4世紀のある時点で、ベレニケは放棄され、その後5世紀に再び人が住み着くようになったが、6世紀にはとうとう沈泥で埋まってしまった。1818年に港の遺跡がイタリアの考古学者ジョヴァンニ・バッティスタ・ベルツォーニによって発見され、1994年以降、広範囲にわたる考古学的発掘調査が行われてきた。発見されたものの中には、17頭分の犬や猫の骨が入ったペットの墓地、息子がなかなか手紙を書いてくれないとぼやく母親の手紙、ロバの詳細な売買証書、インド南西部産の黒コショウの実が7 kg以上入った西暦1世紀にさかのぼる大きな壺などがあった。

［上］紀元前270年から紀元前250年ごろに作られたプトレマイオス王時代の女性をかたどった大理石の彫刻。エジプトの王妃ベレニケ1世の娘アルシノエ2世と考えられている。アルシノエの弟であり夫でもあったプトレマイオス2世により建てられた港は、彼らの最愛の母にちなんでベレニケと名づけられた。

[上］現在の紅海。ベレニケはエジプト南部の紅海沿岸になくてはならない港として800年間機能してきたが、西暦6世紀にとうとう沈泥で埋まってしまった。

[右］ジェームス・レイモンド・ウェルステッドの『アラビアの旅 Travels in Arabia』（1838年）より、ベレニケの遺跡を描いた挿絵。

海のシルクロード

であった広州には、アラブ人、ペルシア人、インド人、アフリカ人、トルコ人など、20万人もの外国人が住んでいた。イスラム商人は、広州、揚州、新しいところでは泉州など、中国の多くの港に蕃坊(「外国人地区」)として知られるようになる交易用の居留地を設けた。9世紀半ばには、中国の南東部沿岸に何万人というイスラム商人が住んでいたと考えられている。

しかし、すべてが順風満帆とはいかなかった。755年に始まった安史の乱の際、反乱の鎮圧を助けるべく徴募されたアラブ系イスラム兵、アラブやペルシアの海賊、商人たちが入り交じって広州を焼き払い、略奪した。これに対して、唐政府は輸入税を引き上げ、約50年間、港を閉鎖した。そのため、中国南部で交易を行いたい外国船は、(現在のベトナムの)ハノイ経由で行うしかなかった。

それまでに東アフリカの集落との交易が急速に発展していた。8世紀ごろ、猫、ニワトリ、ネズミが船で彼の地に到達していたと思われ、8世紀の終わりには、中国の商人がアラブの仲買人を省き、東アフリカ沿岸の港、スファーラを頻繁に訪れていた。9世紀までに、アフリカとは奴隷、象牙、竜涎香(りゅうぜんこう)[マッコウクジラの腸内結石から作る香料]の交易が活況を呈していた。

中国は宋代に(960年から)海上の支配力を強化した。このプロセスが加速されたのは、12世紀の初頭に女真族の蜂起と侵略を受け、宋が南へ遷都せざるを得なくなったときだ。陸のシルクロードへの経路が遮られたため、中国は海のシルクロードに目を向けた。偶然にも、国の主要な港がほぼすべて南部にあったのだ。中国南部で物品の生産量が増えたことで、海上交易を発展させる動機がさらに高まり、交易商人たちは新たな海外市場へ進出しようと意欲を燃やした。

海上交易に重点が置かれたことで、技術進歩の時代に拍車がかかり、中国の職人は、韓王朝時代に発明された羅針盤の原形[磁鉄を用いて方位を測る指南針]を海で使えるように改造した。また、より多くの船を造る必要性が生まれ、造船が主要産業となった。その結果、船の建造に多くの革新がもたらされ、航海の安全性が高まった。

宋朝が東南アジアの交易商人の訪問を奨励するべく使節を送ったため、中国の海上交易は初めて陸の交易を上回った。インド洋では中国船がますます増えていき、南太平洋では中国人がインドやアラブの

[左ページ]竜の玉座に座り、1402年から1424年まで君臨した明の第3代皇帝永楽帝を描いた明代初期の絹本。

[上]紀元前400年の韓王朝時代に中国人によって発明された世界初の羅針盤の模型。

海のシルクロード

商人に取って代わるようになるほどだった。

　982年にフィリピンの交易商人が広州にやってきたことが、中国とフィリピンが直接接触した最初の記録となっているが、中国はそれ以前からフィリピンの商人としばらく交易をしていたと考えられている。その後間もなく、現在の福建省から中国の交易商人が定期的にフィリピンを訪問するようになった。そしてルソン島、ミンドロ島、スールー諸島沿岸の町へ赴いてはジャングルの奥地で天然資源を買い、中国や東南アジアの商品を売った。

　一方、11世紀のイスラム世界では、カイロのカリフとバグダードのカリフとのあいだで権力の分割がなされた結果、ペルシア湾の商業活動が衰退していた。物品の流れがペルシア湾から紅海へ移ってしまい、ペルシア湾のいくつかの港は放棄された。

　14世紀終盤の明代初頭には、中国は海洋技術で世界をリードしていた。造船技師たちは自国で生まれた技術革新と、ほかの海洋国から借用し、適応させた技術を組み合わせて活用した。

　永楽帝は1402年に即位した後、3500隻からなる大艦隊を造るよう命じた。そして、鄭和という宦官を司令官とし、さまざまな海洋国家の指導者たちに朝貢を促すことで中国の政治力をインド洋に拡大させる任務へと派遣した。鄭和は1405年に出帆し、その後28年にわたって計7回の遠征航海を行い、東南アジア、インド、スリランカ、アフリカ、アラビアを訪問した。その過程で、金、銀、磁器、絹を先方に贈り、帰りは多くの国の使節を連れて、キリン、ダチョウ、シマウマといった珍しい献上物とともに中国へ戻った。

　艦隊を編成する船は当時世界最大だった。鄭和は数万人からなる武装部隊とともに旅をし、その武力を行使することを恐れず、海賊を容赦なく鎮圧し、スリランカではコーッテ王国と地上戦を行った。1424年に永楽帝が亡くなると、その後、遠征は（途中で鄭和が亡くなった最後の1回を除いて）中止され、中国の海上支配は終わりを告げた。

　実はこれらの遠征は、明代の初めに確立された孤立政策の転換を示していた。あらゆる私的海上交易や沿岸での定住を禁じる中国の「海禁」は、1371年に明の洪武帝によって初めて制定された。南シナ海における日本の海賊行為［倭寇］を阻止できればと期待しての政策だったが、これはまったく逆効果となった。海賊行為や密貿易が盛んに行われ、その大半は、海上活動の禁止で生業を奪われた中国人によるものだった。海禁は中国からの物品の流れを大幅に減少させ、東南アジアや日本の交易商人に新たな機会を生み出すと同時に、中国への物品の流れを制

［上］中国の司令官鄭和は、15世紀初めの明代に7回の南海遠征を率いた。この中国の切手は、安定した繁栄と物の往来を促進することになった鄭和の航海を記念したもの。

［下］ポルトガルのヴァスコ・ダ・ガマ（1469–1524年ごろ）は、海路でインドに到達した最初のヨーロッパ人。リスボンから喜望峰経由でカリカット（インド南部のケララ州）へ至る海上航路の発見は、ポルトガルにとって世界規模の帝国主義と、ポルトガルのアジア植民地確立の時代が到来したことを告げていた。

鄭和

1371年に中国の雲南省でイスラム教徒の家に生まれた馬和[鄭和の本名]は、10歳ごろ明軍の捕虜となって去勢され、皇帝の4番目の息子、朱棣[永楽帝の本名]の家奴となった。ふたりは親しくなり、1402年に朱棣が皇位を奪って永楽帝を名乗った際、馬和は内官大監[宦官の最高職]に任ぜられ、鄭の姓を賜った。

朱棣はインド洋交易の支配を決意し、即位後間もなく、鄭和に数千隻の船の建造を任せ、彼を艦隊の司令官に任命した。その後およそ30年にわたり、鄭和は東太平洋とインド洋を横断して7回の航海を行い、皇帝に代わって朝貢貿易を行った。最初の航海は317隻の船舶で構成され、この艦隊は馬、穀類、真水、そして武装部隊を含む2万8000人の船員を運んでいった。建造された木造船は史上最大規模となり、9本マストの旗艦は全長が120mを越え、4層甲板に数百人の兵士が乗っていた。

鄭和は1431年から1433年にかけての第7次航海の途中で亡くなったと考えられている。その後、皇帝は遠征の中止を命じ、船はそのまま放置された。

「異国に到着した際、
野蛮人の王が改革に抵抗し、
敬意を表さねば、
我々はこれを生け捕りにし、
略奪、強奪を働く兵士がいれば
容赦なくこれを掃滅した。
そのため、海路は清く泰平となり、
異国の民は海路を頼りに、
安全に生業に携わることができた」
——上海近くの劉家港にある碑文

[右]捕らわれ、去勢される前の幼き日の鄭和と父、馬哈只の石像。父親は元王朝の役人だったが、明の征服時に殺された。

限し、密輸業者に機会を与えることになった。

明が貿易税からの収入喪失に苦しむようになり、その後1567年に政策が大幅に緩和されると、皮肉にも、海賊行為はほとんど見られなくなった。それから、相変わらず活動は制限されていたものの、中国の商人に外国との海上交易に従事することが許可された。

そのころにはもうアジアの交易環境は著しく変わっていた。15世紀後半にはポルトガルの探検家ヴァスコ・ダ・ガマが、アフリカの南端、喜望峰回りの航路を開拓した。これでヨーロッパの航海者が東南アジアの海上航路と初めてつながり、ヨーロッパ人がスパイス交易に直接かかわるようになった。16世紀から17世紀にかけては、ポルトガルとオランダとイギリスがアジア航路とそれに関連する交易の支配権を巡って争っていた。1511年、ポルトガルはマラッカを占領してマラッカ海峡の支配権を手に入れ、6年後には広州経由で中国と直接交易を始めた。間もなくポルトガル人は追放されるが、中国の海賊討伐を援助したことで、その後1557年にマ

海のシルクロード

カオでの定住が許された。

　ヨーロッパ人の活動範囲はさらに拡大し、スペインから西回りの航路で出帆したフェルディナンド・マゼランの一行が1521年、ヨーロッパ人として初めてフィリピン諸島に到達した。マゼランはそこで殺されたが、一行の船のうち1隻がインドネシアのスパイスを積んで何とかスペインへ戻ることができた。フィリピンをスパイスの供給源にするというスペインの目論見は、生育条件が適さず挫折したものの、彼らはやがて交易の可能性を見出した。1571年、スペインの船員が沈みかけていたサンパン船[平底の木造船]の乗組員を救助し、中国に送り届けた。翌年、中国は絹や磁器など、自国の製品を積んだ交易船をメキシコに送って感謝の意を表し、積み荷はメキシコからスペインへ運ばれた。すると中国の製品はスペインの市場で熱烈に受け入れられた。マニラはたちまち交易網の拠点となり、東南アジア、日本、インドネシア、インド、とりわけ中国から集められた製品がヨーロッパへ送られ、中国製品を満載したジャンク船が毎年およそ30隻から40隻、フィリピンに到着した。太平洋を横断してこれらの商品をヨーロッパへと運んだ交易ルートは、スペインによって油断なく守られていた。

　17世紀初頭には、オランダがインドネシア諸島でのスパイス交易に対する支配力を強化していた。オランダ東インド会社は常設の商館をいくつか置いていたが、その活動はポルトガルやイギリスとの対立によって制限された。

　1647年、清朝の摂政、睿親王（ドルゴン）は海禁政策を再開し、その後1661年にはさらに厳しい命令が制定された。中国沿岸のいくつかの省では住民が強制的に自分の財産を破壊させられ、約20km内地へ移住させられたほか、船も破壊され、外国との交易はマカオを通じてのみ許可された。17世紀から18世紀にかけて、海禁令は解かれたり再び課せられたりが何度か繰り返され、中国の交易商人が大量に移住していくことになった。18世紀ジャカルタの中国人移民コミュニティは10万人規模になっていたと推定される。南シナ海での合法的交易は1727年に再開されたが、そのときにはもうヨーロッパのかかわり方のバランスが変わり、交易環境は以前と大きく異なっていた。1757年、乾隆帝は、海外の交易業者に開放する中国の港は広州のみとすると宣言した。

　結局、こうした交易制限が引き金となり、中国とイギリスとのあいだに第1次アヘン戦争が勃発した。1842年の南京条約は戦争を集結させ、中国の4つの港を新たに開放させた。この条約が中国の孤立主義を終わらせたと一般に考えられているが、合法的交易が5つの指定港に限られていることに変わりはなかった。この段階で、海のシルクロードはもう事実上、世界規模の海上交易網に組み込まれていたのだ。

❖ **危険**

　海上交易は大きな富をもたらす可能性があったが、海のシルクロードを行く航海は危険極まりない旅だった。地図はあっても初歩的なものに限られ、常に暗礁の脅威にさらされていたほか、造船技術が安全航行可能なレベルに達していないという場合が多く、船は悪天候に耐えることができなかった。

　初期の航海で、船員にとって最も深刻な脅威となったのは飲み水の不足だった。航海術、工業技術はあまり発達しておらず、船はおしなべて気まぐれな空模様に左右される。そのため、針路からそれて、航海が予想以上に長引くことが多かったのだ。だが追加期間をしのぐには、食糧や水が不十分だっ

［左ページ］イタリアの画家が18世紀に描いた乾隆帝（在位1735–1796年）。中国では在位が最も長い統治者に数えられる乾隆帝は交易を20年間禁止し、海外交易の唯一の拠点として広州を保護した。

［下］植民地以前のフィリピンの貴族を描いた16世紀の絵。彼らはタガログ語でマギノーと呼ばれていた。スペイン人は、当時の植民地の先住民社会に関する記録、いわゆる『ボクサー写本』にこのような絵を描くよう、数多く依頼をしていた。

海のシルクロード

111

た。交易ルート上に港が発達したことによって、船を停めて新鮮な食糧を積み込む機会が増え、航海の安全性が高まった。

　海上交易がもうかるようになってくると、当然のことながら、海賊を引き寄せた。中国の史書には、早くも紀元前5世紀には海賊が近海で活動していたことを示唆されており、古代ローマ時代の記録には、インド洋西部の海に「海賊が跳梁跋扈していた」と記されている。インド南部では、海賊行為の影響を減らすべく政府が介入を強いられることがしょっちゅうだった。新羅王国時代の828年、ある朝鮮人将軍が、中国と日本との交易、および新羅の商船隊を海賊から守ることを目的として、莞島に軍事基地と交易拠点を兼ねた清海鎮を設立した。

　交易の盛衰と同様、海賊の惨禍にも波があった。10世紀から13世紀にかけて、アジアの海上交易がにわかに景気づくと、海賊行為も盛んになった。15世紀から16世紀にかけては日本の海賊が東アジアの海上世界を統制するうえで重要な要素となったが、17世紀には中国の海賊行為がピークに達し、海賊団の数は数万にも及んだ。こうした海賊団の勢力は中国の帝国海軍の勢力をはるかにしのいでおり、それ自体が絶大な地域勢力となって、外国の勢力と同盟関係を結ぶほどだった。1661年、海賊の頭目、鄭成功（またの名を国姓爺）は「海の王」を自称した。鄭成功の勢力は台湾からオランダ人を追い出し、その後20年間、台湾を支配した。

　こうしたあらゆるリスクを軽減するため、投資家はさまざまな船に少額ずつ出資するのが普通だった。したがって、各船にはさまざまな投資家の資金が提供されていた。

［上］海上交易商人のリスクは高かった。難破が経済的破綻をもたらすのはもちろんのこと、海の旅はすぐに命にかかわる危険に見舞われる可能性があった。

［右］17世紀の名うての海賊、鄭成功を描いた現代の絹本。鄭成功は交易と海賊行為で財を築き、その遺産は台湾に対する中国の支配を確立することになった。鄭成功は今もなお英雄と見なされている。

海のシルクロード 113

5 シルクロードの終焉

シルクロードの終焉

14世紀後半、ユーラシアは黒死病の惨禍から徐々に立ち直り始めていた。と同時に、モンゴル帝国は崩壊しつつあり、シルクロードの政治的、文化的、経済的統一性はほころびを見せ始めた。帝国の広大な領土が独立した王国に分裂するにつれ、関税、通行料、検閲も増していき、商品は前よりはるかに高くなった。また、盗賊やささいな武力衝突が増え、交易路も安全ではなくなっていった。

❖ティムール・コネクション

この難局の解決を図ったのがトルコ系モンゴル人の征服者ティムール（タメルランとしても知られる）で、彼はモンゴル帝国西部を構成していた多くの地域を再び征服し、1370年ごろ、自身のティムール帝国を作り上げた。そして大交易都市サマルカンドを首都とし、かつての栄華を取り戻すべく街の再建に取りかかり、広範囲な建築工事を開始したが、その多く

[左] 偉大な征服者ティムール（1336-1405年）が中央アジアとペルシアにティムール帝国を建てた。帝国を走るシルクロードを活気づけるため、ティムールはキプチャク・ハン国との戦争に乗り出した。この細密画では後継者や子孫に囲まれるティムールが描かれている。

1370–1440年	1440–1460年	1460–1550年	1550–1650年	1650–1700年
❖1370年 ティムール（在1370–1405年）の帝国が始まる。	❖1448年 オイラートがハミを制圧し、シルクロードへ至る中国の進入路を遮断する。	❖1497年 ヴァスコ・ダ・ガマが喜望峰を回り、ヨーロッパと東南アジアをつなぐ。	❖1552年 カザン・ハン国とアストラハン・ハン国がロシアに併合される。	❖1689年 ネルチンスク条約により、ロシアと中国の国境が画定される。
❖1405年 ティムール死去。	❖1453年 オスマン帝国がコンスタンティノープルを征服し、ビザンティン帝国を滅ぼす。	❖1507年 ティムール帝国が終わる。	❖1634年 ジュンガル王国が始まる。	
		❖1513年 モーグル人がハミを制圧し、シルクロードへ至る中国の進入路を遮断する。	❖1644年 清朝が始まる。	

［上］『カタロニア地図帳』（1375年）からの1枚。アラル海、ヴォルガ川、カスピ海、コーカサス、ユーフラテス川、アラビア半島、および、デリー、メッカ、バグダード、サマルカンド、アストラハンの都市が示されている。この中央アジア地域は、シルクロードの交易を支配しようとしたティムール帝国の中心部でもあった。

シルクロードの終焉

は交易の活性化を目的としていた。ティムールはサマルカンドを世界で最も美しい都市にしたい、自身の帝国の輝かしい、永続的権勢を顕示するものとしたいと考えた。美とぜいたくに対するこうした探求そのものが、中央アジアの交易活性化を促した。というのも、サマルカンドの上流階級に毛皮や絹、宝石、磁器を供給するべく、中国や中東からのキャラバンがやってきたからだ。

ティムールはまた、自国の領土を迂回するあらゆる交易ルートを破壊することによってシルクロードを再び活性化させ、ヨーロッパや中国との交易を独占したいと考えた。すべての地域交易の焦点を自分が支配する土地に向け直すことにより、モンゴルや遊牧民の統治で何年も打ちのめされてきた都市を建て直し、活性化させたいと考えたのだ。これを達成するために、彼はいわゆる黄金軍団、すなわちチンギス・ハンの死後に形成された最大のハン国、キプチャク・ハン国のほか、当時インドを統治していたデリー・サルタナット、トルコのオスマン帝国を併合した。

キプチャク・ハン国はシベリアから東ヨーロッパに至る領土を支配し、そこにはシルクロードの最北ルートが走っていた。1395年、ティムールはキプチャク・ハン国に戦いをしかけ、交易都市だったアストラハン（現在のロシア、ヴォルガ川デルタの都市）と首都のベルケ・サライ（同じくヴォルガ川河畔、現在のコロボフカ）を略奪したほか、クリミアの交易拠点もいくつか破壊し、最高の技術を持つ職人たちをサマルカ

ンドへ強制的に移送した。そして略奪した芸術作品やそのほかの財宝はキャラバンが首都に運んだ。

最北ルートを効果的に閉鎖したことにより、キャラバン交易は南に移り、ティムールの目的は達成された。交易路沿いの隊商都市では関税や税金が引き上げられ、交易路が通っているさまざまな州は、そこを通過していく商人の安全に責任を負わされ、売り物を奪われた商人には被害金額の2倍、ティムールには5倍の金額を支払うことが義務づけられた。当然の成り行きとしてシルクロードの治安は向上し、それどころか、犯罪はほとんどなくなった。

ティムールは交易路沿いのインフラ整備にも多額の資金を投入して、駐屯地、橋、馬の中継駅、キャラバン・サライを建設し、売れない商人に金を貸し、救済することさえしていた。交易路はすべてサマルカンドに集まり、都はアジアの交差点に位置することがもたらす恩恵を受け、新たな黄金時代を迎えた。800頭ものラクダを連れた大規模キャラバンがサマルカンドと北京のあいだを行き来し、その旅はおよそ1年がかりだった。チンギス・ハンの治世よりもはるかに長い時間を要したことになる。

ティムール帝国が始まる2年前、中国では洪武帝が即位し、明朝が始まると同時に、モンゴルの元朝が終わりを告げた。当時、中国と中央アジアの関係は不安定だった。モンゴル人に支配された屈辱への反動として、明はナショナリズムと中国の文化遺産を再発見したいという願望にとらわれていった。国は再び内向きになり、外国の勢力に対する不信感が

［上］シルクロードの途上にあった隊商都市は関税を課したが、疲れきった商人たちに安全な場所を提供した。これは『カタロニア地図帳』からの1枚。1270年ごろ、砂漠を渡っていくマルコ・ポーロと父親、叔父、旅の同行者たちの様子が細かく描かれている。

［右ページ］洪武帝（1328–1398年）は明王朝の創始者。モンゴルとは衝突したものの、両者とも交易を最優先にしていた。

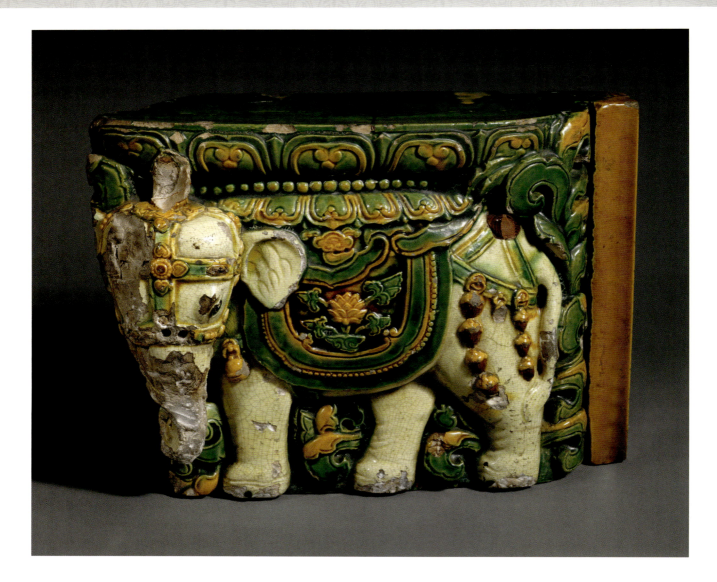

高まった。モンゴル時代の包括的な商業政策とは対照的に、洪武帝は半鎖国政策を取り、朝貢と外国との交易に制限を課した。

しかし、それでも中国の近隣諸国、とりわけ北西部の辺境地域や遠方の中央アジア地域とは接触を持ち続ける必要があった。そこで、洪武帝は治世の初期に、今は明が地域の統治者と認識すべしと伝えるため、かつてモンゴルに支配されていた多くの王国に使節を送った。1395年、3人の使節が率いる1500人の中国人使節団がサマルカンドに到着した。彼らが手渡した書簡には、ティムールが中国の封臣にすぎないことをほのめかす言葉が使われており、ティムールはこれに激怒、使節団を投獄すると同時に、中国への侵攻を企てた。中国を征服することでシルクロードの東端を支配できると考えたティムールは、1405年、計画の実行に乗り出した。しかし、そのころにはもう年齢が70歳近くになっており、歩くこともできないほど体が弱っていた。ひと月余りのうちにティムールは病死し、軍事作戦は断念された。

ティムールの死後、後継者争いが始まった。息子のひとり、シャー・ルフ・バハードゥルが最終的にティムール領の統治者となり、現在のアフガニスタンのヘラートを首都とした。領土の拡大より交易に関心があったシャー・ルフは、中国に使節を派遣し、これを皮切りに多くの使節が送られた。1408年から1413年にかけて9人の使節が明の朝廷に派遣され、馬、玉、ヒョウやライオンといった珍しい動物を提供し、返礼として絹など、ぜいたく品を受け取った。

中国は、中央アジアや西アジアとの交易関係を発展させ、強化することに依然として熱心だった。新たに組織化されたモンゴル帝国の残党がもたらす脅威に対抗するため、良質かつ有能な軍馬が多数必要だったのだからなおさらだ。そのため、明の第3代皇帝永楽帝はティムール朝の提案に応じ、1414年、陳誠という旅行経験豊富な外交官が率いる使節団を派遣した。翌年、帰国した陳誠は、旅の報告書

［上］永楽帝の時代（1402–1424年）にさかのぼる陶塔のドア枠に使われた磁器製タイル。永楽帝の努力により、中国とティムール帝国との開かれた交易が確立された。

[上]1405年ごろにヘラートを首都とした際、シャー・ルフは、レンガと石と施釉タイルで城砦の防備を強化した。

[下]中央アジアの馬は、輸送用および軍用として重要だった。この水彩画は、アフガニスタンのカブールの郊外に馬に乗って集まってきた男たちを描いている。

サマルカンド

現在のウズベキスタン北東部、ゼラフシャン川流域に位置するサマルカンドは、中央アジアで最も古い都市のひとつ。中国、インド、地中海へ通じる交易路の交差点に位置したことから生じた繁栄のおかげで、シルクロードでは最大規模の都市となった。

この地域に人が住み着くようになったのは紀元前1500年にさかのぼるが、都市が築かれたのは紀元前8世紀から7世紀のあいだと考えられている。初期のころから、この地域にはイラン系のソグド人が暮らし、彼らは中央アジアの交易商人として知られていた。紀元前6世紀にソグディアナがアケメネス朝ペルシアによって併合された際、サマルカンドは一州都となり、工芸品の生産で知られる裕福な都市へと成長していった。

紀元前329年、サマルカンドはアレクサンドロス大王に攻略され、大規模な損害を被った。しかし、ギリシアの新しい統治者のもと、都市はすぐに復活し、ギリシア語の名前、マラカンダと呼ばれるようになった。アレクサンドロスの死後、サマルカンドはギリシアのさまざまな継承国家の一部となり、5世紀までは衰退期が続いた。その後、イラン系およびトルコ系の一連の指導者に支配された。

751年に中国の軍勢が中央アジアを侵略するも、アッバース朝のホラーサーン総督、アブー・ムスリム率いる軍隊に敗北を喫した。捕虜となった2万人以上の中国人兵士の中には、製紙術を心得ている者がいた。やがて、サマルカンドはイスラム世界における最初の製紙業の中核となった。

9世紀の終わりにサーマーン朝がアッバース朝に取って代わり、そのてこ入れによって、サマルカンドは交易の中心地として地位が強化された。1000年ごろ、サーマーン朝がカラハン朝に倒され、その後2世紀にわたり、サマルカンドは次々とトルコ系部族の支配を受けることになった。

1220年、サマルカンドは再びモンゴル人に侵略され、大部分が破壊されたが、すぐに再建された。1365年、サマルカンドの住民がモンゴルの支配に抵抗し、その後間もなく、ティムールがサマルカンドを都とした。ここから建設の時代が始まり、ティムールはまず、交易促進を目的として、商店が建ち並ぶ目抜き通りを造った。また、征服した領土から芸術家、職人、建築家、商人を強制的に集めてきたので、結果としてサマルカンドは中央アジアの経済と文化の拠点となった。

ティムールの死後、後継者のシャー・ルフは、ヘラート(現在のアフガニスタン)へ帝国の都を移し、16歳の息子ウルグ・ベクをサマルカンドの太守にした。ウルグ・ベクはサマルカンドを知の中心地にしたいと強く望み、大学や大天文台を建てた。

紀元前1500年–西暦300年	300–900年		900–1100年	1100–1500年
❖ **紀元前1500年ごろ** 最初の集落が形成される。	❖ **712年** ウマイヤ朝のカリフの軍勢がサマルカンドを掌握する。	❖ **819年** サーマーン朝がサマルカンドを掌握する。	❖ **999年** サーマーン朝の支配が終わる。	❖ **1220年** サマルカンドがモンゴルに攻囲・征服される。
❖ **紀元前700年ごろ** サマルカンドが築かれる。	❖ **751年** サマルカンドで製紙が始まる。	❖ **892年** 首都がブハラに移る。	❖ **1000年** カラハン朝がサマルカンドを支配する。	❖ **1333年** イブン・バットゥータがサマルカンドを訪れる。
❖ **紀元前329年** アレクサンドロス大王の軍がサマルカンドを略奪する。	❖ **806年** カリフに対して民衆が暴動を起こす。		❖ **1089年** セルジューク朝がサマルカンドを掌握する。	❖ **1365年** モンゴルの支配に対して暴動が起きる。

1500年、サマルカンドはブハラ・ハン国に組み込まれた。その後は衰退期となり、1720年代から1770年代までにすっかり過疎化してしまった。しかし現在は人口が50万人を超え、ウズベキスタン第2の都市となっている。サマルカンドの歴史地区は2001年にユネスコの世界遺産に登録された。

［左ページ］アフラシアブ宮殿の壁画の細部。850年ごろに描かれたいけにえの鳥。アフラシアブの史跡はソグド文化の中心地で、現存する古代都市サマルカンドの中では最古の部分となる。

［下］古代都市サマルカンドのレギスタン（公共広場）は、3つのマドラサ、すなわち教育施設に囲まれている。

		1500–1900年		1900年–
❖ 1370年ごろ ティムールがサマルカンドを帝国の首都にする。	❖ 1429年 ウルグ・ベク天文台が建てられる。	❖ 1505年 サマルカンドがウズベク族の軍勢に占領される。	❖ 1868年 ロシア帝国がサマルカンドを掌握する。	❖ 1925年 サマルカンドがウズベク・ソビエト社会主義共和国の首都となる。
❖ 1405年ごろ ティムール帝国が首都をヘラートへ移す。	❖ 1494–1501年 サマルカンドがバーブルの軍勢に3度にわたり攻囲される。	❖ 1599年 ブハラ・ハン国アストラハン朝が権力の座に就く。	❖ 1886年 サマルカンドがロシア領トルキスタン、サマルカンド州の首都となる。	❖ 1930年 ウズベクの首都がタシケントへ移る。
		❖ 1720年代 サマルカンドが放棄される。		❖ 2001年 サマルカンドの歴史地区がユネスコの世界遺産に登録される。

シルクロードの終焉

を朝廷に提出した。報告書は陳誠が目にした経済活動に焦点が置かれており、中央アジアとの交易促進を目指す商人たちに役立つヒントを提供した。陳誠は1417年に再びヘラートを訪れ、シャー・ルフおよび、その息子でサマルカンドの太守、ウルグ・ベクと再会した。陳誠は、両帝国間の開かれた交易と朝貢関係を求める明朝廷からの書簡のほか、贈り物として銀、絹、錦織、タカ、磁器を持参した。ほどなく、ティムール領の商人たちが、地元産の織物やぜいたく品、馬、ラクダを明へ運び、絹織物、磁器、銀、鏡、紙を持って帰国した。

ティムール朝はインドとも強い交易関係を築いていた。取引はふたつの商業中心地、現在のアフガニスタンのカブールとカンダハールを通じて行われた。インド人は馬に関心があった。中国と同様、インドも輸送と軍事目的で馬を必要としていたが、自国では十分な頭数を生産できず、中央アジアの馬が毎年1万頭ほどカブールへと運ばれた。そしてヒンドスタンからは奴隷、白い布、砂糖、染料、それに薬の原料が入ってきた。

15世紀初頭には、当時のユーラシア諸文明すべてを結ぶ比較的安全な長距離交易ルートが、中東に集結するネットワークとして確立されていた。しかし、平和と安全は長くは続かなかった。1400年代の初頭、オイラートとして知られるモンゴルの部族連合が覇権を握り、中国の北部と北西部の国境に圧力をかけ始めた。1430年代より、オイラートは現在の新疆と甘粛省を結ぶ交易路を襲撃し、1448年には、中国が1404年に併合したタリム盆地のオアシス都市ハミを制圧して、中央アジアの玄関口から明を追い出し、シルクロードの重要区域を掌握した。そして1449年、オイラートは万里の長城近くで起きた土木の変で、明の皇帝本人を捕虜としたが、翌年、送還した。明はこの事件を機に、万里の長城を修築する壮大なプロジェクトを開始した。その後間もなく、内輪の争いが起こり、オイラートは

［上］ハミ王の霊廟には、新疆東部ウイグルの支配者たちの亡骸が納められている。17世紀終盤から1930年まで、クムル・ハン国がこの地域を支配し、清王朝の朝貢国となった。

崩壊した。

　中国も、一連の軍事作戦の失敗、軍部の腐敗と士気喪失、脱税による税収の喪失によって、15世紀の終わりには力が損なわれていた。その衰退ぶりは、費用がかさむとの理由で、北西部からやってくる朝貢貿易の使節団の数を制限しようとしたほどだった。遠く離れた国々の外交官や交易商人が中国への旅を思いとどまったため、陸のシルクロードのビジネスは、数千年間で最低レベルにまで落ち込んだ。タリム盆地の一部のオアシスはこの状況に納得がいかず、中国と中央アジアとの関係が協力から対立へと移行するにつれ、この地域の情勢は混乱を深めていった。1513年にはトゥルファンの統治者マンスール・ハンの指揮下、モーグル人［モンゴル人を指すペルシア語］がハミに進撃し、明王朝の終わりまで、この都市は明の手から離れた。しかし、タリム盆地北部をモーグル人が支配したことで、地域の政治勢力の小競り合いに終止符が打たれ、交易が改善された。

　一方、トルコのオスマン帝国は1453年にコンスタンティノープルを陥落させ、それにともない、ビザンティン帝国を滅ぼしたことにより、シルクロードの西端を掌握した。一部の学者によれば、オスマン帝国がヨーロッパとの関係を断ったため、それがシルクロードの閉鎖につながった。しかし、中東でオスマン帝国とイランのサファヴィー朝の力が強まったことで、新しい地中海市場が開かれ、ヨーロッパの商人がそこを通じてアジアの輸出品を買うことができたため——2大帝国が戦争に乗り出すと、交易路が頻繁に中断されたにもかかわらず——実際にはそれが陸の交易路の復活につながったのではないかと言う学者もいる。

　15世紀の終わりに、ポルトガルの探検家ヴァスコ・ダ・ガマがインドに到達し、ヨーロッパ・アジア間の海上航路を切り開き、陸路の衰退に拍車をかけた。この段階ではもうペルシア人が養蚕の技術を

［上］4世紀から15世紀にかけてビザンティン帝国の首都であったコンスタンティノープル（現在のイスタンブール）は、ヨーロッパで最大かつ最も裕福な都市のひとつだった。堅固に要塞化されていたにもかかわらず、1453年、この都市はオスマン・トルコに攻略された。

シルクロードの終焉

習得しており、中国による絹市場の独占状態は著しく弱まり、取引高が減少した。絹生産の秘訣はヨーロッパにまで知れ渡り、フランスのリヨンは大量の絹を生産して、ヨーロッパ市場の大部分に提供していた。このようなことがすべて、シルクロードの交易で生み出される収益の大幅な減少につながった。

16世紀初頭にはティムール帝国が崩壊していた。ペルシア、コーカサス、メソポタミア、東アナトリアはサファヴィー朝に屈し、遊牧民ウズベク族の指導者ムハンマド・シャイバーニーは、サマルカンド、ヘラート、フェルガナ、ブハラを征服し、シャイバーニー朝ブハラ・ハン国を建てた。ブハラは長いあいだ交易の拠点だったが、シャイバーニー朝の統治下で黄金時代に入った。ブハラで最も有名かつ印象的なモニュメントのほとんどは、この時代のものだ。シャイバーニー朝は、今日の「〜スタン」と呼ばれる地域をほぼ網羅する中央アジアの大部分を支配していたため、ブハラは交易収入で富をなしたほか、宗教的・文化的中心地としての評判を得た。交易キャラバンが広範囲に派遣され、モスクワ、インド、イラン、カシュガル、シベリア、カザフスタンのステップに赴いた。

この地域全体にディアスポラ（離散）コミュニティが居を構え、住民の多くは、交易業者、商人、金貸しとして活動していた。サファヴィー朝のアルメニア商人は北のロシアや中央アジア、西のオスマン帝国へと旅し、はるか遠くのオランダにまで行って定住したほか、地中海の全域に前哨地も設立した。インド商人は、カスピ海を渡ってアストラハンへ、そしてフェルガナ盆地を通って中央アジアへと旅をした。ブハラの商人は東の中国へ、そして、ユーラシアの交易においてますます重要な役割を果たすようになりつつあった北西のロシアへと旅をした。

［下］現在のウズベキスタンに位置するブハラは9世紀から10世紀にかけて、イスラム世界の知の中心地となったが、シルクロードの重要な位置にあったことから、その後も数世紀にわたって繁栄した。

［右ページ］カイコに桑の葉を与える女性を描いた19世紀の絵。カイコはほぼ桑の葉しか食べられない。中国の絹生産の起源は紀元前3000年にさかのぼる。

126　第5章

シルクロードの終焉

イスファハーン

美しさで知られるイスファハーンは、かつて中央アジアの最大かつ最も重要な都市のひとつだった。現在のイラン中部、シルクロードの交差点に位置し、繁栄の源は交易拠点としての役割にあった。都の壮麗さは、イランのことわざで「イスファハーンは世界の半分」と言われるほど。

イスファハーンの起源は、紀元前3千年紀と2千年紀のエラム文明にさかのぼる。紀元前6世紀のアケメネス朝の

紀元前2000年 – 西暦600年

❖ **紀元前2000年ごろ**
この地域に最初の集落ができる。

❖ **紀元前550年ごろ**
アケメネス朝の統治下で都市が成長する。

600–1000年

❖ **642年ごろ**
アラブ軍に占領され、イスファハーンが州都となる。

❖ **749年ごろ**
アッバース朝の支配下に置かれる。

❖ **771年ごろ**
金曜モスクが設立される。

❖ **931年**
アッバース朝の支配が終わる。

❖ **935年ごろ**
イスファハーンがペルシア系ブワイフ朝の支配下に置かれる。

1000–1500年

❖ **1051年**
セルジューク軍に征服され、イスファハーンがセルジューク朝の首都となる。

❖ **1241年**
モンゴル軍に征服される。

❖ **1327年**
イブン・バットゥータがイスファハーンを訪れる。

時代には宗教的にも民族的にも多様な町となり、寛容の伝統はパルティアの支配下でも続いた。後継のササン朝は政治的衰退をもたらしたが、642年前後にアラブ人の占領を受けた際、イスファハーンは州都となり、繁栄を遂げていく。その後、11世紀から12世紀にかけてはセルジューク朝の首都として、さらに繁栄を極めた。セルジューク朝はイラン独自の新しい建築様式を取り入れ、これまでになく広々とした ドーム型の空間を備えた大きなモスクを多数建設した。

しかしイスファハーンが黄金時代を迎えたのは、1598年にサファヴィー朝の統治者シャー・アッバース1世がこの町を国の首都としたときだ。アッバース1世は一連の大規模建築事業を命じ、再建されたイスファハーンは、当時最大規模の最も美しい都市のひとつとなった。この時期、世界最大規模の新しいメイダーン（広場）やいくつもの印象的なモスクを含め、今日のイスファハーンが名所たるゆえんとなるモニュメントや建物が多数建築された。入り口の門構え、ドーム、ミナレット［礼拝の時刻を告げるための塔］、内部空間の一部は色鮮やかなタイルで装飾されている。こ

れがイランの建築の特徴となり、イスファハーンで全盛を極めた。

シャー・アッバース1世は交易の重要性を認識し、交易独占を目的として、市内を通るシルクロードの経路を効率的に変更した。また、交易を促進するための基盤整備計画を実施し、橋や道路、キャラバン・サライ（隊商宿）を建設した。交易商人は、大バザール——新旧のメイダーンを結ぶ2kmの曲がりくねった通り——が新しいメイダーンと交差する場所に造られた新しい広場、インペリアル・バザールに収容された。インペリアル・バザールには、商店や作業場のほか、国の造幣所、病院、大浴場、キャラバン・サライが組み込まれていた。

16世紀から17世紀にかけて、多くのヨーロッパの商人がイスファハーンに定住した。そこへ、グルジア人、チェルケス人、ダゲスタン人、アルメニア人といったコーカサスからの被追放者や移住者が何十万人と加わった。現在、イスファハーンは約200万人の人口を擁するイラン第3の大都市となっており、市内にはふたつの世界遺産、金曜モスクとイマーム広場がある。

[左ページ]イスファハーンの金曜モスクはイラン最古のモスクに数えられる。8世紀に建てられ、その後、11世紀のセルジューク朝の時代に再建された。

[次ページ]イラン、イスファハーンのジャーメ・モスク（金曜モスク）の建築ディテール。8世紀に建てられたこのモスクは、セルジューク期の芸術性を伝える驚くべき一例。

	1500–1800年		**1800年–**
❖**1387年** ティムールに攻囲・略奪される。	❖**1502年** サファヴィー朝に征服される。	❖**1722年** アフガン軍に攻囲・略奪される。	❖**1979年** イマーム広場が世界遺産に登録される。
❖**1414年** シャー・ルフに攻囲・略奪される。	❖**1548年ごろ** 一時的にオスマンの支配が始まる。	❖**1729年** サファヴィー朝の支配が復活する。	❖**2012年** 金曜モスクが世界遺産に登録される。
	❖**1598年** イスファハーンがサファヴィー朝の首都となる。	❖**1736年** ペルシアの首都がマシュハドへ移される。	

シルクロードの終焉

❖ ロシアと清

1552年、ロシアの皇帝、イワン雷帝がカザン・ハン国とアストラハン・ハン国を併合し、モスクワから直接、中央アジアへ近づけるようになった。6年後、イギリスの旅行家で、モスクワ会社とイギリス国王の代理人、アンソニー・ジェンキンソンがイワン雷帝の代理としてブハラを訪れ、交易について話し合った。翌年モスクワへ戻る際、ジェンキンソンはブハラ、バルフ、ウルゲンチの使節をともなっていた。ロシアの商人や使節がこの地域をたびたび訪れるようになり、交易をしながら、中国への交易ルートを詳しく調べていた。一方ジェンキンソンは、ペルシア、ロシア、イギリスの三者間で収益性の高いスパイスと絹の交易を確立させ、年間で最大10万kgのペルシア産生糸がロシアへ送られた。1598年、ロシアはシビル・ハン国を打ち倒した後、東方への拡大に着手し、シベリアに一連の前哨基地を設立した。そのおかげで、ロシア、タタール、ブハラの商人は、中国とヨーロッパを行き来する交易キャラバンの保護をロシア政府に頼ることができた。

1644年、満州（現在の中国北東部）の軍隊が中国を占領し、中国最後の王朝となる清王朝を樹立した。満州族は、ツングース語系諸族と呼ばれるグループに属する半遊牧民族だ。

清の最初の仕事のひとつは、1620年代からユーラシア・ステップで台頭してきたオイラート族が1634年に建設した国家、ジュンガル王国への対処だった。モンゴル帝国分裂後に築かれた最後の一大遊牧民帝国は、結局、万里の長城西端から現在のカザフスタン、キルギスタンからシベリア南部へと広がる地域を支配することになった。1680年、ジュンガル王国創設者の4番目の息子、ガルダンが10万の騎兵隊を率いてタリム盆地に入り、最終的にタリム盆地は完全に占領され、王国に組み込まれた。ジュンガルは年に2回、北京に朝貢使を送り、毛皮や馬を絹や木綿の織物と交換していたが、清との軍事的緊張が絶えることはなかった。1696年、その緊張が頂点に達した。清はジュンガルとの交易を打ち切った後、外モンゴルとして知られるようになる地域に総勢40万人の軍隊を派遣し、ジュンガルの反対勢力を壊滅させ、この地域を併合した。2年後、満州族はバルクルとハミも占領した。

ジュンガルの略奪行為は中央アジアに動揺を与えた。たとえば、この遊牧の民が現在のカザフスタンに進出してくると、その後、多くのカザフ人が西や北のロシア国境方面へと移っていった。彼らはそこで、ロシア皇帝の領土と中央アジアとを結ぶ主たる交易路の支配権を得た。そして、キャラバンの案内人としての役割を徐々に担うようになり、辺境の町

［下］イワン雷帝はイギリスとの緊密な関係を築いた。このアレクサンドル・リトフチェンコによる19世紀の絵画は、エリザベス1世の使節、ジェローム・ホーセイに、宝石や貴石といった財宝を披露するイワン雷帝を描いている。

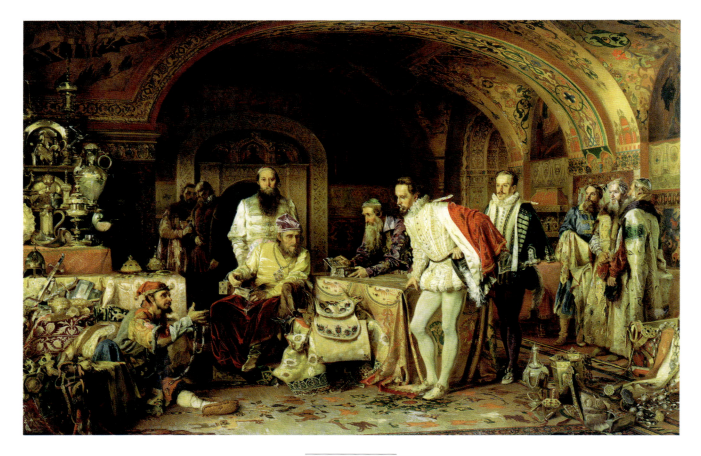

で交易も行った。

18世紀前半、清は中国と中央アジアを結ぶ河西回廊沿いの供給ライン、交易、治安の改善に取り組み、水や食糧や木材の供給源に近い戦略的な場所に、200人から1000人の部隊を擁する駐屯地を設置した。これらの駐屯地は、穀物や武器の保管に使われたが、駐屯地部隊を養う穀物を供給してくれるであろう農業集落の活動拠点としても使われた。

ロシア帝国は東方へ進出、清王朝は北へ拡大したため、両国のぶつかり合いは避けられなかった。17世紀後半には両者が国境画定に取り組み、1689年、ようやくネルチンスク条約が締結された。

間もなくロシアの商人たちは、通常、往復に1年ほどかかるネルチンスクから北京までのキャラバンを組織するようになった。しかしロシア皇帝ピョートル大帝は、国が交易を独占することとし、1697年から1722年にかけて、官営のキャラバンが14回北京へ赴いた。民間交易は続いたものの、短い距離の旅になるのが普通だった。ロシアは大きな歳入源となり得る毛皮を、世界最大の市場である中国へ売り込むことにとりわけ熱心だった。ロシアの茶に対する需要も交易の重要な促進力となり、中国南部で育った茶がレンガ状に圧縮され、ラクダの背に載せられてロシアへの長い旅を続けた。

1717年以降、中国はさらなる国境画定を強く求めるようになり、1722年、問題が解決するまで交易を遮断することになった。1727年、ロシアと中国はさらなる国境と交易条件を定めたキャフタ条約に署名した。それにより、公的な交易はすべて、国

［上］甘粛省、河西回廊の嘉峪関(かよくかん)は1372年に建てられた。追放処分となった者はこの関を通って去り、二度と戻ってはならぬと命じられると、不吉な評判が立った。

［左］ピョートル大帝（1672-1725年）は1682年から亡くなるまでロシア皇帝を務めた。在位中、国のために野心を持ち、外に目を向けていたピョートル大帝は領土を拡大し、近代化改革を行った。

シルクロードの終焉

133

境のキャフタおよびツルハイトゥの近くの交易所を通して行い、北京へのキャラバンは4年に1回の派遣とすることになった。1727年から1760年にかけて、キャフタから6回の官営キャラバンが派遣された。最初のキャラバンは210万枚の毛皮を含め、ほぼ30万ルーブルに相当する商品を運び、12万5000m分の絹織物、57万m分の綿織物、1万3600kg分の茶、6万5000ルーブル相当の金と銀、売れ残った40万4000枚の毛皮を持ち帰った。そして、それらの商品は国境でバーター取引された。1762年、ロシアの女帝、エカテリーナ大帝が官営キャラバンを自由交易に置き換え、ロシアの製品はキャフタで売られるか、バーター取引されることになった。

モスクワと北京を結ぶシベリア道の開通により、ヨーロッパ・中国間で物品を移動させる手段として、陸のシルクロードに代わる——海のシルクロードとは別の——もうひとつの選択肢が示された。17世紀後半から18世紀前半にかけて、中央アジアは何度も戦争に巻き込まれたため、このシベリアのルートは繁栄した。

17世紀末以降、交易はしだいに中央アジアのさまざまな王国や集落を迂回して行われるようになり、海のシルクロードやシベリア道へと移行していった。その結果として生じた関税収入の損失は、多くの国にとって壊滅的だった。というのも、関税収入は国の主たる歳入源となっており、領土の防衛や交易路の治安維持、厳しい農業環境における灌漑用水路の修復やそのほかの農業支援は、その歳入を頼りにしていたからだ。多くの支配者が戦争を利用して歳入強化を図ったが、結果として混乱を深め、長距離交易業者にとってこの地域の魅力はさらに薄れ、さらに交易が縮小するという悪循環を生み出した。

何としても国境を守りたい清は、シルクロードでの軍事作戦を続けた。18世紀の半ばまでに、清は断固としてジュンガル王国を制圧し、タクラマカン地域を併合して、現在の新疆ウイグル自治区の基礎を築いた。これにより、中国は再び西域を完全に掌握することになった。

満州族は依然として、騎兵隊の根幹をなす大型で力のある中央アジア産の馬を熱望していた。毎年夏の終わりになると、天山山脈のふもと、中国との国境地帯にカザフの交易商人たちがやってきて、そこで特別な見本市が開かれていた。カザフ族やキルギ

［上］1762年からロシアの女帝となったエカテリーナ大帝はロシアの領土拡大に野心的だった。この絵は政権に就いた日にサンクトペテルブルクの冬宮殿のバルコニーに立つエカテリーナを描いている。

スの遊牧民たちはそこで馬(年間3000〜4000頭)などの家畜を、絹織物、金属器、木綿の布、磚茶[レンガ状に圧縮して乾燥させた茶葉]、磁器と交換する。取引の相手は、多くの場合、軍を代表して活動している中国の商人たちだった。

18世紀後半、清が西域で成功を収めた結果、隣接する中央アジアのさまざまな民族や国家との外交上の国境協定や関税制度が定められた。この地域の平和な時代は19世紀初頭まで続き、シルクロードの大部分で交易と経済の繁栄がちょっとした復活を見せた。中国当局は沿道に宿と給水所を設け、交易路を改善した。中国の新たな辺境で数多くのオアシス都市を訪れた文綬という清の高官が1773年に記したところによれば、オアシスの市場通りには商店が「櫛の歯のようにすき間なく」密集し、行商人がひしめいた。

この時期、ブハラは引き続き重要な交易拠点として機能し、インド(織物、医薬品、藍、金、宝石)、ペルシア(絹)、中国(ダイオウ、茶、磁器、薬草)の物品が売買されていた。ロシアとの交易も急成長し、ブハラの綿は、ロシアの革、毛皮、織物、金属製品と交換された。ブハラとロシアを行き来する交易キャラバンでは通常、4000から5000頭に及ぶラクダが何百トンもの綿——綿花、糸、生地——を運んでいった。しかし1820年代には、ロシアのシベリアとの交易において、フェルガナ盆地のコーカンド・ハン国がブハラの大きなライバルとなっていた。

コーカンド・ハン国の起源は1710年にさかのぼり、このとき、遊牧民ウズベクのミン氏族が北からフェルガナ地方へ進出した。彼らはコーカンドの小さな集落に首都を定め、そこの防備を強化し、勢力を拡大していった。タシケントとサマルカンドの双方と直接的つながりを持ったコーカンドは、それを強みにたちまち経済と文化の重要な中心地となり、国内で安定した状態を保つ一方、清を大君主として形式的に受け入れるなど、政治的に有効なコネを作っていった。ブハラの商人はここへ綿花やイギリスのチーズクロスや染色用の植物原料をもたらし、茶と磁器と絹、それにロシアの鉄と金属製品を持ってここを去っていく。一方、コーカンドの商人はロシアの商品をカシュガルへ運び、中国の商品を持って戻ってくる。1785年から1792年にかけて、清がロシアとの北の国境にあるキャフタの市場を一時閉鎖すると、それにともないシベリア道も閉鎖された

[上]吐峪溝(とよくこう)(もしくはトユク)はタクラマカン砂漠にある古代のオアシス村。中国の新疆ウイグル自治区トゥルファンの70km東、火焰山へと食い込んでいく肥沃な谷間に位置する。

シルクロードの終焉

135

が、コーカンド・ハンは中国の茶とダイオウをロシア市場に出荷することができたため、交易に弾みがついた。関税を巡る清との争いは、その後、軍事的対決と中国の通商拒否を招き、シルクロードの交易にまたしても大きな打撃となったが、1832年に協定が結ばれ、コーカンド・ハンは望んでいた権利を手に入れた。

　交易の長期的盛況という背景はあったにせよ、19世紀後半には、西欧が中国への関与を強め、中国では国内問題が勃発し、インドではイギリスの役割が拡大し、中央アジアではロシアがその一帯を次々に併合し、アジアの北部と南部の関係性が書き換えられていった。これがインド洋の海上交易拡大と相まって、ユーラシアの交易をさらに侵食することになった。シルクロードの交易と輸送量が減少するにつれ、沿道集落の経済は、多くの場合、破滅的損害を被った。規模が大きいオアシス都市や、給水に信頼がおけるオアシスだけが生き残り、残りは徐々に人口が減って、やがて放棄された。渦巻く砂漠の砂が道やわだち、村や町や都市、農地や灌漑用水路をたちまち覆い隠し、人類史上最大の陸の交易路はほとんど消し去られてしまった。

［上］コーカンドのフダヤル・ハンの要塞は18世紀に建設された。当時の領土は現在のキルギス、ウズベキスタン東部、タジキスタン、カザフスタン南東部にまたがる地域に広がっていた。

［下］1790年ごろの製茶の様子を描いた中国の絵。19世紀には茶の需要が急増し、1886年までに13万4000トン以上の茶が中国から輸出された。

朝貢制度

中国の朝貢制度の起源は数千年前にさかのぼり、紀元前3世紀の秦王朝下で中国が統一される前から活用されていた。主として近隣諸国との交易を管理し、相手の怒りなどを鎮める働きをしていた朝貢制では、「蕃人」の代表が携わり、彼らは中国との同盟関係がもたらすメリットの見返りとして、中国の朝廷で儀礼的に貢ぎ物を献上した。その返礼として、通常、豪華な宝物を授与されるが、自分たちが提供したものより価値の高いものを受け取るのが普通だった。

中国にとって、儀礼化された交流は相手国との望ましい力関係——朝貢国は皇帝の主権を認めて、うやうやしく従順、皇帝は情け深く、腰が低い——を強化するものだった。朝貢の使節団は、首都と行き来する際に朝廷の保護を得られ、政府監督下の特別な市場で交易をする許可を与えられた。

時が経つにつれ、中国に朝貢する国や地域は、アジアの大部分だけでなく、さらに遠く離れた場所も含まれるようになった。1587年の明代の詳細なリストには、西域38か国からの朝貢が記載されている。それどころか、明代の後半以降、朝貢貿易が国外との商取引の大部分を占めるようになった。

結局、朝貢制度は19世紀の終わりにかけて崩壊し、1840年のアヘン戦争後に定められた条約体制の導入により、終焉を迎えた。そして1908年、最後の朝貢使節団がネパールから派遣された。

［上］イギリスによるアヘンの違法輸入は清代に中止された。この絵は、1839年に広東（広州）でアヘンの破棄を監督する地方長官、林則徐を描いたもの。

6 再発見

再発見

数世紀の時を経て、シルクロードの多くの立ち寄り地——都市、オアシス、守備隊駐屯都市、キャラバン・サライ——は、給水源の干上がりを引き起こした気候変動や、政治的・商業的展望の変化によって衰退し、消滅した都市さえあった。19世紀の終わりには、シルクロード中央部にもともとあったインフラの大部分が、タクラマカン砂漠の移動する砂に埋もれていた。オアシスの住人たちは、砂丘の下に沈んで忘れられた都市の物語を語って聞かせた。古代の交易路の中には、ラクダのキャラバンを率いる行商人に引き続き使われていたルートもあったが、古きシルクロードの全盛期ははるか昔に過ぎ去っていた。

実は「シルクロード」という呼び名そのものが実際に作られたのは、1877年になってからのことで、ドイツの地理学者で旅行家でもあったフェルディナント・フォン・リヒトホーフェン（学問分野としての近代地理学創始者のひとり）が、全5巻に及ぶ自身の研究書『支那』の第1巻［望月勝海・佐藤晴生訳、岩波書店、1942年］で、中央アジアを横切る古代の交易路について述べるのに「Seidenstrasse（ザイデンシュトラーゼン）」（文字どおり「絹の道（Silk Road）」）という言葉を使ったのが最初だ。リヒトホーフェンいわく、アジアの地理に関する自身の考えに最も大きな影響を与えたのはアレクサンダー・フォン・フンボルトが1829年に行った調査旅行の記録『中央アジア L'Asie Centrale』だが、地中海から中央アジアを通って中国へ至る絹の交易路という概念の中核をなすのは、ティルスのマリヌスが残した地理学と世界地図——ただしプトレマイオスの『プトレマイオス地理学』［中務哲郎訳、東海大学出版会、1986年］を通して間接的に知られているのみ——だった。

［左］ドイツの地理学者フェルディナント・フォン・リヒトホーフェン（1833–1905年）は1877年に「シルクロード」（Seidenstrasse ザイデンシュトラーゼン）という呼び名を初めて用いた。第1次世界大戦時の有名な戦闘機乗り、「レッド・バロン（赤い男爵）」こと、マンフレート・フォン・リヒトホーフェンの叔父。

1850–77年	1878–92年	1893–1904年	
❖ 1870年 ニコライ・プルジェワリスキーの第1次探検。	❖ 1879年 ポターニンの第2次探検。レーゲルの第2次探検。プルジェワリスキーの第3次探検。	❖ 1893年 スウェン・ヘディンの第1次探検。	❖ 1902年 ドイツの第1次トゥルファン探検。日本の第1次探検。
❖ 1876年 プルジェワリスキーの第2次探検。グリゴリー・ポターニンの第1次探検。	❖ 1881年 レーゲルの第3次探検。	❖ 1899年 ヘディンの第2次探検。ピョートル・コズロフの第1次探検。ポターニンの第5次探検	❖ 1904年 ドイツの第2次トゥルファン探検。
❖ 1877年 フェルディナント・フォン・リヒトホーフェンが「シルクロード」という呼び名を作り出す。	❖ 1883年 プルジェワリスキーの第4次探検。	❖ 1900年 蔵経洞の発見。オーレル・スタインの第1次探検。	
	❖ 1884年 ポターニンの第3次探検。		
	❖ 1892年 ポターニンの第4次探検。		

スウェン・ヘディン

スウェン・アンダース・ヘディンは1865年にスウェーデンのストックホルムで生まれた探検家だ。ヘディンの中央アジアにおける考古学的発見をきっかけに、西欧人がこの地域に強い関心を寄せる時代が始まった。幼いころから探検に憧れていたヘディンは、学校を卒業すると、コーカサス、ペルシア、メソポタミアを旅した。その後はベルリンで、「シルクロード」という呼び名を生み出した学者フェルディナント・フォン・リヒトホーフェンに師事し、自然地理学を学んだ。

1893年から1935年にかけて実施された4回の探検において、ヘディンはダンダーン・ウイリク、カラドン、楼蘭の重要な遺跡を発見し、タリム川の地図を作成し、ブラマプトラ川とインダス川の水源を特定し、干上がった塩湖、ロプ・ノールの位置が移動していく謎を解明した。体がきゃしゃで視力も弱かったが、ヘディンは意志が強く、不屈の探検家だった。現地で厳選した助手を仲間とし、彼らの力を借りて、どちらかといえば小さなグループで旅をするほうだった。語学に秀で(7か国語に堪能)、熟練した測量技師、プロ顔負けの画家、そして健筆家でもあったヘディンは、65冊もの著作と膨大な科学報告書を発表しているのに加え、何千もの学術的、政治的論文を執筆した。

ヘディンは1902年にスウェーデンで貴族に列せられ、1909年にはインドよりナイト爵を授けられた。またイギリスの王立地理学会より、誰もがうらやむ金メダルをふたつ授与されている。1952年、ストックホルムで死去。

［上］スウェーデンの探検家スウェン・ヘディン(1865–1952年)は中央アジアへの探検を4度引き受け、多くの著作を通じて大衆の目をシルクロードへ向けさせた。

1905–13年

❖ **1905年**
ヘディンの第3次探検。ドイツの第3次トゥルファン探検。バレットとハンティントンの探検。

❖ **1906年**
スタインの第2次探検。ポール・ペリオの探検。カール・グスタフ・エミール・マンネルヘイム男爵の探検。

❖ **1907年**
スタインが蔵経洞の写本を購入。ピョートル・コズロフの第2次探検。

❖ **1908年**
日本の第2次探検。

❖ **1909年**
ロシアの第1次トルキスタン探検。セルゲイ・マローフの第1次探検。アーサー・ソレンセンの第1次探検。

❖ **1910年**
日本の第3次探検。

❖ **1913年**
ドイツの第4次トゥルファン探検。スタインの第3次探検。マローフの第2次探検。

1914–25年

❖ **1914年**
ロシアの第2次トルキスタン探検。

❖ **1915年**
ソレンセンの第2次探検。

❖ **1921年**
ソレンセンの第3次探検。

❖ **1923年**
ラングドン・ウォーナーの第1次探検。

❖ **1925年**
ウォーナーの第2次探検。

1926年–

❖ **1927年**
ヘディンの第4次探検。

❖ **1930年**
スタインの第4次探検。

❖ **1931年**
中国当局が外国人に対し、遺跡を閉鎖する。

再発見

ただ、リヒトホーフェンは中央アジアを通じた東西交易における絹の中心的重要性を認識し、絹交易の発展におけるユーラシア・ステップの重要性も認識していたが、彼のシルクロードの概念は限定的で、ほとんど古代ローマと漢代の中国が陸路で交易をしていた比較的短い期間にしか焦点が当てられておらず、西ローマ帝国の滅亡と漢の中央アジアからの撤退によってこの交易路は使われなくなったと考えていた。リヒトホーフェンによれば、イスラム世界の交易が注目されるようになるにつれ、「大陸横断シルクロードという概念は（中略）本来の意味を失った」。

新しい呼び名が定着するには時間がかかった。1910年、ドイツの学者アルベルト・ヘルマンが自著のタイトルにこの呼び名を使ったが、その後1936年にリヒトホーフェンの教え子のひとり、スウェーデンの探検家スウェン・ヘディンが、自身最後の中央アジア遠征の記録をまとめた『シルクロード』［福田宏年訳、岩波書店、1984年］を出版した。本の中でこの呼び名はほとんど使われていなかったものの、有名探検家の偉業を伝える物語として広く読まれ、この呼び名の理解に影響を及ぼした。それでも一般に使われるようになったのは1960年代になってからのことだ。

師であるリヒトホーフェンに触発されて中央アジアを探検したヘディンは、シルクロードを人々の意識に上らせるために、誰よりも多くのことをしたと言っていいだろう。中央アジアの砂漠に失われた世界が存在するとのニュースをヨーロッパにもたらしたヘディンの初期の遠征報告こそ、すさまじい考古学的「ゴールドラッシュ」の火つけ役となったからだ。そしてヘディンのあとに続けと、ロシア、フランス、フィンランド、日本、デンマーク、ドイツ、イギリスの探検家たちによるおびただしい数の遠征隊が組織されることになった。

ヘディンが最初の探検に出た1893年までに、ロシアの地理的探検隊がいくつか中央アジアから戻っており、砂に葬られ、長く放置されてきた集落があるとの話を伝えていた。確かに、こうした探検隊の成果はリヒトホーフェンのシルクロードに関する考えに影響を与えていた。しかし、砂の下に失われた都市群が隠れているという最初の確固たる証拠を集めたのは、モハメド・アイ・ハミードと呼ばれるインド人吏員だった。1863年、パンジャブの副総督から秘密の調査任務を帯びてタクラマカンへ派遣されたモハメド・アイ・ハミードは、砂嵐が吹くと、かつては一地方の都だったが、今は事実上、地図から消し去られ、放置されて久しいタリム盆地のオアシス都市、ホータンの古い家々がときおりその姿をさらけ出すことを知った。2年後にはウィリアム・ジョンソンという測量士がホータン近くの埋もれた町を訪れ、別の遺跡から回収された古代の固形茶ま

［上］1879年、ロシアの植物学者アルベルト・レーゲルがタクラマカン砂漠の奥で古代ウイグル王国の都カラホージョの廃墟を発見した。

［右ページ］ロシアのニコライ・プルジェワリスキー大佐は、それまで西欧では知られていなかったアジア地域を旅した。この版画は、プルジェワリスキーの著書『モンゴル、タングート人の国とチベットの人里離れた場所 Mongolia, the Tangut Country and the Solitudes of Tibet』（1876年）に登場する、ウルガの塀を巡らせた通り。プルジェワリスキーは旅をしながら、プルジェワリスキーウマ、プルジェワリスキーガゼル、野生のフタコブラクダなど、新種の動植物を同定した。

再発見

で手に入れている。1873年、パンジャブ州の行政官サー・ダグラス・フォーサイスは、そのような茶が市場で売られているのを見つけ、それらがホータン近くで発掘されたものであると告げられた。そしてフォーサイスのふたりの助手が、同じく埋もれたある都市から、小像や宝石類や硬貨をいくつか手に入れた。

ロシアの探検隊——ひとつは有名な探検家ニコライ・プルジェワリスキー大佐が率いた1876年から1877年の探検隊、もうひとつは植物学者ヨハン・アルベルト・レーゲルによる1879年の探検隊——は多くの遺跡を発見し、その中には、最終的に古代ウイグル王国の都カラホージョ（トゥルファン近く、現在の中国の高昌）と確認された巨大な都城の廃墟も含まれていた。しかし、ロシアの探検隊はより広範な地理的問題に目を向けており、発見した遺跡の発掘には時間を費やさなかった。

このころにはもう、地元のトレジャー・ハンターが分け前にあずかろうと発掘に参入しており、自分たちが発見したものに外国人が金を払うと気づいてからはなおさら動きが活発化していた。1889年、あるトレジャー・ハンターの一団が、クチャ近くの仏塔遺跡で5世紀の写本を発見し、それは最終的にカルカッタのベンガル・アジア協会の手に渡った。大方の見方では、いわゆるバウアー写本（カルカッタへ持ち帰るために写本を購入したインドのイギリス軍情報部中尉ハミルトン・バウアーにちなみそう名づけられた）の発見と出版により、中央アジアにおける本格的な考古学調査が開始された。

こうして、眼鏡をかけた若きスウェーデン人、スウェン・ヘディンが、古いシルクロードの隠された謎を解き明かす使命を負うことになった。最初の4年間の探検で、28歳のヘディンはロシア経由でタリム盆地へ赴いた。ロシアのチームと同様、ヘディンの関心は地理的、地質学的研究を行うことに傾いていたが、遺跡の発掘も行った。その結果が、タリム盆地の景観の経時的変化に関する自身の考えを裏づける証拠になるのではと期待してのことだ。

タクラマカンに宝物で満たされた、失われた都市があるとの話を耳にしていたヘディンは、それを自

［下］1896年1月、スウェン・ヘディンはダンダーン・ウイリクの遺跡を発掘したが、すでに掘り出し終わった場所がすぐ、砂にふさがれてしまうため、発掘は重労働だった。

力で見つけ出そうと決心し、ちょうど30歳の誕生日に当たる1895年2月17日、カシュガルからタクラマカン砂漠を横断する最初の試みに出発したが、この旅では危うく命を落としそうになった。現地の男性4人、ラクダ8頭、番犬2匹、羊3匹、鶏11羽とともに旅をしていたところ、出発から2週間余りで水がなくなるというトラブルに陥ったのだ。6日後、ヘディンはこの時点では独りで、何とかホータン川にたどり着いた。ラクダ1頭とともに、連れのうちふたりは生き延びたが、ほかのふたりの姿を目にすることは二度となかった。翌年の1月、ヘディは中央アジアを去る前にホータン周辺の遺跡を探検し、タクラマカンの奥地でダンダーン・ウイリクとカラドンの重要な遺跡を発見した。

1899年、ヘディンは2度目の探検に出た。タクラマカンをボートで旅した後——砂漠の移動形態としては意外かもしれないが、彼は進みながらヤルカンド川とタリム川、そして干上がった塩湖ロプ・ノールの地図を作成した——1900年3月、ロプ・ノール近くで廃墟と化した中国の守備隊駐屯都市、楼蘭、すなわち、敦煌からコルラへ至るシルクロードの主要路線にある最も重要な交差点のひとつを発見した。ただし実際に見つけたのはヘディンが雇った従者のひとりで、従者はなくした鋤を取り戻しに出かけて砂嵐に巻き込まれ、方向を失ったあと、偶然遺跡に遭遇したのだった。

1年後、ヘディンは楼蘭を詳しく調査した。そしていくつかの家屋を発掘し、日常生活を驚くほど深く知る手掛かりとなる西晋時代の多くの中国語写本を含め、多様な遺物を発見した。ヘディンは後に、タリム川の川筋が変わったことでロプ・ノールが干上がり、町が消滅したのではないかと述べた。探検隊は最終的に1150枚近くに及ぶ地図を作成した。

中国領中央アジアから驚くほど豊富な考古学的恩恵が得られるのは、この地域の乾燥がもたらした結果だった。砂漠の乾いた空気と砂に閉じ込められていたおかげで、集落が放棄された際に残された残骸が保持されたのだ。木簡、絹のタペストリー、紙の写本、洞窟壁画のほか、ヤギ革のモカシンや織物の敷物、麻で作られた紐などの日用品(それに、言うまでもないが、数十年後に発見された自然にミイラ化した人間の遺体)は、湿度の高い環境であればたちまち朽ち果てていただろうが、何千年ものあいだ、素晴らしい保存状態で残存していた。

この地域から少しずつ情報や古代の遺物が出てくるにつれ、それはイギリス領インド政府に雇われていたオーレル・スタインというハンガリー生まれの人物の好奇心を刺激した。年齢は非常に近かったものの、スタインとヘディンは多くの点で異なっていた。ヘディンが何よりもまず探検家だったのに対し、スタインは有能な東洋学者だった。探検をするのは、中央アジアの歴史に関する自説の検証に役立ちそうな遺跡へ近づくためであり、とりわけ、インド文化がこの地域の古代都市に与えた影響に関心を持っていた。スタインのやり方は慎重かつ入念で、自身を「考古学的探検家」と称するのが好きだった。ハンガリー軍で1年間兵役に就いていたとき、スタインは偶然にも、現地調査技術の訓練を受けていた。

[上左]この6世紀か7世紀にさかのぼるホータン王国の仏坐像は、ヘディンが探検中に発見した多くの古美術品の典型例。

[上右]200年から400年にさかのぼる楼蘭のタペストリーの断片。この地域の乾燥した環境に驚くべき保存性があったことを証明している。

[次ページ]カシミールのスリナガル。スタインが1900年から1901年にかけて行った最初の探検はここから始まった。

再発見

サー・マルク・オーレル・スタイン

マルク・オーレル・スタインは、中央アジアでの探検と考古学的発見で知られる考古学者であり地理学者でもあった。1862年にハンガリーのブダペストで生まれたスタインは、大学で東洋の言語と考古学を学んだ後、インドの大学で働くようになった。

スウェン・ヘディンの1898年の著書『スウェン・ヘディン探検記』[横川文雄訳、白水社、1988年]を読んだ後、スタインはイギリス領インド政府に中央アジア探検への支援を申請した。そのようにして1900年から1930年にかけて4回の探検を行ったスタインだが、4回目の探検は中国当局にビザを取り消され、未完で終わっている。2回目の探検では、敦煌の近くで発見されたばかりの蔵経洞から数千部の写本を持ち帰った。スタインの収集活動、とりわけ敦煌写本を失敬した行為により、彼は物議をかもす人物となり、中国では泥棒と呼ばれて、抗議行動が起きた。

スタインは1904年に英国市民となり、1909年にはイギリス王立地理学会の創立者メダルを授けられ、1912年、ナイト爵に叙された。その後、スタインはインドの考古学調査の監督者となってアレクサンドロス大王の東征に関する研究を続け、アレクサンドロスが襲撃したアオルノスの岩の場所を特定した。スタインは1943年にアフガニスタンのカブールで亡くなり、カブールのイギリス人墓地に埋葬された。

[右]ハンガリー生まれのイギリス人、オーレル・スタイン(1862–1943年)も中央アジアへ4度探検に赴き、毎回、愛犬を連れていった。歴代で7匹の犬がおり、どの犬もダッシュと名づけられていた。

スタインの最初の探検は1900年から1901年にかけて行われ、このころ中国では義和団事件が起きていた。スタインは37歳のときにカシミールのスリナガルから出発し、4人の仲間とダッシュという名のテリアとともに旅をした。一行はカシュガルで夏が終わるのを待った後、ホータンに向かった。(ヘディンの体験を教訓に、スタインは主として冬のあいだに働いた。その結果、最悪な砂漠の灼熱は回避できたが、マイナス10度まで下がる気温と闘わねばならなかった)。タリム盆地の南辺を行くルートは、部分的ではあれ、スタインにとって長年の英雄である7世紀の巡礼僧、玄奘が取ったルートをたどるために選ばれた。スタインは玄奘の足跡をたどることによって、この巡礼僧が自身の旅について記した書、『大唐西域記』[水谷真成訳。平凡社。1999年]に言及されている聖地のいくつかを確認したいと考えたのだ。

人間の足もラクダの足も沈んでしまう柔らかい砂と格闘しながらタクラマカン砂漠を行くこと11日、一行はダンダーン・ウイリクに到着した。スタインは伝統的な鍬を携えた男たちを30人、発掘要員として雇っていた。発掘は困難かつうんざりするような仕事だった。場所によっては、極めて非協力的な砂を10m近く深く掘らないとその下の遺跡に到達しないこともあった。(ヘディンも記しているが「できるだけ早く掘り出さないと、砂がまた流れ込み、掘った穴をふさいでしまう」。だが、その見返りは相当なものだった。発掘の初日に——ある寺院は地元のトレジャー・ハンターによってすでに調べ尽くされていたが——スタイン一行は150ものさまざまな発見をした。続く3週間の発掘では14の建造物の調査、遺跡全体の測量を行い、その後さらにいくつかの遺跡を発掘した。

スタインは帰国前に、詐欺を暴くべく時間を割いた。イスラム・アクンという地元のトレジャー・ハンターが写本や古書を売っていたのだが、それは彼や数名の同業者が自分たちで作成し、人工的に古く見えるようにした偽物だった。ヨーロッパの学者が何人か、そのような偽物にだまされていたが、スタインは疑いを持っていた。アクンに直接会って問いただすと、そのトレジャー・ハンターはようやく詐欺を自白した。

スタインが最初の探検で成し遂げた発見に関するニュースがヨーロッパの古物研究コミュニティに広まると、強い関心を集めた。当然の成り行きとして、今こそ参入すべきと決断する人々がほかにも現れた。機先を制し、わずか数名からなる日本の仏教僧グループが1902年8月に中央アジアへ出発し、そのあとを追うように、ベルリン民族博物館の職員で

[上]トレジャー・ハンターのイスラム・アクンは偽物を使ってヨーロッパ各地からやってくる学者をまんまとだましていたが、スタインの疑念から逃れることはできなかった。

[下]アルベルト・グリュンウェーデル(1856–1935年)はドイツの第1次トゥルファン探検隊を率い、この5世紀か6世紀にさかのぼるキジル石窟の仏画「慈悲深い亀の王」など、多くの壁画を発見した。

再発見

組織されたドイツの探検隊が続いた。博物館のインド部長、アルベルト・グリュンウェーデル教授率いるドイツの探検隊は、オアシス都市トゥルファンへ赴いた。周辺地域で5か月近く発掘を行い、掘り出した史料は46件。帰国を正当化するに十分な成功を収めた。

ドイツの第2次探検隊は再びトゥルファンを中心として、カラホージョで4か月近く発掘を行い、かつてこの都市がマニ教の中心地であった証拠を発見した。その後、探検隊はベゼクリクの仏教石窟群へ向かった。そこで発見した壁画は信じがたいほど保存状態が良く、驚いた探検隊は、それをベルリンに運ぶため、壁から取り除くことに着手した。ドイツの第3次トゥルファン探検は1905年に開始され、略奪を続けた。ドイツ人はキジル付近の仏教石窟群でさらに多くの壁画を取り除き、最終的に、合計620点もの壁画とその破片がベルリンへ送られた。

ドイツ人がキジルで活動していたころ、オーレル・スタインは2度目の探検に出ていた。スタインの最も有名かつ議論の的となる発見がなされたのは、1906年から1908年にかけてのこの遠征のときだった。とはいえ、スタインはまず、人夫50人、ラクダ25頭、飲料水用の氷の塊を積んだロバ30頭を含む大規模な一団で旅をし、ヘディンが7年前に発見したオアシスの守備隊駐屯都市、楼蘭へ向かう途上でいくつかの遺跡を発掘した。一行は楼蘭に11日間滞在し、その間にさまざまな軍事記録のほか、インド北西部で使われていた古代文字、カロー

［上］敦煌の西にある玉門関（もしくは玉関）は、シルクロードへ出ていく商人たちが最後に通る中国の前哨地だった。

［下］『金剛般若経』（868年）は現存する出版年が明示された最古の印刷書。これは紙の上に墨で非常に細かく描かれている扉絵。

異なる見方

中央アジアでの略奪に対して弁明を求められると、西欧の探検家たちの多くはそれを「救済」と呼んだ。ドイツの探検を率いたアルベルト・フォン・ル・コックは、著書『中央アジア秘宝発掘記』[木下龍也訳、中央公論新社、2002年]の中で、当時の中国領トルキスタンは本質的に不穏であったため、自分が行った遺跡の「借用」は必然だったと述べているが、この弁明にも一理ある。というのも、長年にわたり、多くの壁画は表面が摩損するか、さもなければ地元のイスラム教徒によって、多くの場合アニコニズム、すなわち偶像崇拝の禁止を理由に傷つけられていた。また、地元の農民たちが廃墟となった建物を取り壊して地面を畑に使ったり、梁を燃料にしたり、周囲に作物を植えて、灌漑設備を作り、そのせいで遺跡にさらなるダメージを与えたりしていた。さらに、地震が起きれば洞窟が崩壊し、地元のトレジャー・ハンターたちが金や銀を求めて彫像を破壊していたのだ。

当然のことながら、中国は違った見方をしている。西欧人の行為を「植民地支配的な強奪」と呼び、史料の「窃盗」をエルギン・マーブル[在トルコ英国大使エルギン伯がパルテノン神殿から持ち去った大理石彫刻群]にたとえた。中国に言わせれば、「背信同盟」のトップにいるのがオーレル・スタイン、そのあと僅差でポール・ペリオとスウェン・ヘディンが続く。中央アジアにおける外国人の探検隊が終わってからというもの、中国政府は国民感情をあおる手段として、かつて味わった屈辱感をときおり利用している。

[上]多少色があせ、時間と人間の行為によって、絵の大部分がひどく損傷しているが、莫高窟の壁画はそれでもなお素晴らしい。

「飲み過ぎまして、申し訳ありません」

蔵経洞から見つかった数万もの文書の中に、一風変わった「手紙の見本」があった。中国語で書かれたその手紙は、酩酊した客人が、自らの振る舞いに対する謝罪として、気分を害した主人に渡すために考えられたものだった。

　ゆうべは飲み過ぎました。あまりにも酔っ払ってはめをはずしてしまいましたが、私が口にした無礼かつ下品な言葉は、意識して発したものではございません。朝になり、ほかの人たちがゆうべのことを話しているのを耳にした私は、事の次第に気づき、すっかり動揺し、恥ずかしさで地面にひれ伏しそうになりました。

このあと、主人の返信例が続く。

　ゆうべ、酔ったあなたは、紳士の名を危うくするほど上流社会が守るべきしきたりを踏み越えており、あなたとはこれ以上かかわりを持ちたくないと思ってしまいました。しかしながら、あなたも今は恥じておられますし、起きたことを悔いているのですから、私としてはまたお会いして、気さくに語り合ってもいいのではないかと考えておりまして…。

［上］唐代、玄奘が活躍した時代の銀の杯。

シュティー文字が書かれた木簡のコレクションを発見した。スタインにとってこうした木簡の存在は、楼蘭が中国兵のための駐屯地として機能していただけでなく、ある時点で古代インド帝国の前哨地としても機能していたことを示唆していた。探検隊はミーランにも立ち寄り、スタインはそこで、有翼の天使など、西洋特有の要素を含む一連の壁画を発見した。これはシルクロードで広範囲の文化交流が行われていたさらなる証拠だ。

　スタインの次の目的地は敦煌だった。1902年にハンガリーの地理学者ラヨシュ・ローツィーからその壮麗さについて聞かされて以来、ぜひとも訪れた

いと思っていた町だ。ローツィーは1879年にハンガリーの探検隊が中央アジアへ赴いた際、敦煌近くの莫高窟を訪れていた。スタインはそこへ行く途中で、砂漠に並ぶ古代の望楼を見て釘づけとなり、これは西へ延長された万里の長城の遺跡であると正しく特定した。さらに詳しく調査をするために戻ってくるつもりだったが、敦煌に到着して間もなく、莫高窟の壁でふさがれた空洞に膨大な写本が隠されているのが見つかったという話を聞かされた。だが、秘蔵の写本を見るには、待つことを余儀なくされた。発見者である、自称、洞窟の管理人、王圓籙（おうえんろく）という道教の修道者（通称、王道士）が、自分の洞窟を「修復」する資金を集めるべく托鉢に出ていて留守だったからだ。スタインは待っているあいだに、例の望楼を調査し、伝説の玉門関——中国から西に向かう商人にとって最後の国境——を捜し当てた。

王道士がようやく戻ってくると、スタインと助手の蔣孝琬（しょうこうえん）は、写本の一部を売ってくれるよう王を説得するという厄介な仕事に取りかかった。突破口が開けたのは、スタインが自分は玄奘を信奉し、あの古代の巡礼者の旅路をたどっているのだと伝えたときだった。王道士も同じく玄奘の信奉者であったため、目の前の外国人に対する無口な態度は即座に消えた。スタインは蔵経洞として知られるようになった洞窟へ赴き、最終的には、24個の大箱に収められた約1万部の古写本を持って敦煌を去ることができた。収集品の中には、出版年が知られているものの中では最古の印刷書となる9世紀の書で、仏陀の説教のひとつが記された『金剛般若経』も含まれていた。

蔵経洞の恩恵にあずかった西洋人はスタインだけではなかった。1908年、フランスの中国研究家ポール・ペリオもまた、コレクションを大量にヨーロッパの本国へ送り、その数は写本のほか、絹の旗や絵画や珍しい木の彫刻なども合わせて数千点に及んだ。ペリオはシャルル・ヌエットという写真家を探検に同行させており、ヌエットが撮った数千枚の洞窟の写真は、洞窟内の壁画の研究にとって非常に貴重な史料となっている。というのも、その後、壁画の多くが損傷を受けてしまったからだ。日本、ロシア、デンマークの探検隊も写本のコレクションを手に入れている。1910年に中国の学者で古物研究に携わる羅振玉が写本の残巻を北京に移す手配をしたが、そのときにはもう、もとのコレクションの5分の1ほどしか残っていなかった。

ベトナムのハノイにあるフランス極東学院の中国

［上］タクラマカン北部のオアシス都市のひとつ、ハミにて、政府や軍の官吏とポーズを取る1908年のポール・ペリオ（1878–1945年）。

再発見

蔵経洞

1900年6月25日、敦煌近くの莫高窟に流れつき、管理人役をもって自任する王圓籙という道士が、第16窟で煙草を吸っていた。その煙が入り口から背後へゆっくり漂っていくことに気づき、好奇心に駆られた王道士が奥の壁の一部を叩いて壊してみたところ、隠し部屋が現れた。中へ入ってみると、14立方m以上ある空間に、束ねられた写本が3mを超える高さまで積み上げられていた。王は自分が発見したものを地方官に報告し、その価値を政府の役人にわからせようとしたが、政府は資金不足だったうえ、義和団事件のことで手いっぱいだったため、古文書群はそのまま洞窟に隠されることになった。

7年後、この古文書発見の話が、2度目の中央アジア探検に出ていたオーレル・スタインの耳に届いた。スタインはすぐ敦煌へ向かったが、王と話ができるまでに、2か月待つことを余儀なくされた。最終的にスタインは王道士を説得し、約1万点の文書や絵巻を買い取った。その後、フランス、日本、ロシア、デンマークの探検家も写本群を手に、敦煌をあとにした。

蔵経洞はもともと、ある高僧の記念堂として、唐代の851年から867年にかけて造られたが、11世紀の半ばごろに封印され、全面に壁画が描かれた。遺物が隠された理由は明らかではないが、修道僧たちが差し

［上］敦煌の洞窟の管理人をしていた道士、王圓籙は、いわゆる蔵経洞を発見したが、進行中の義和団事件のほうが気がかりだった政府は詳しい調査を行わなかった。

第6章

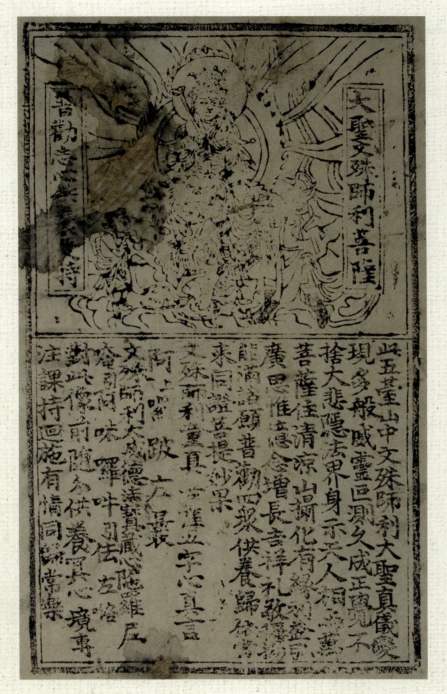

[上] 蔵経洞で発見された10世紀のこの写本には文殊菩薩を描かれており、これらの文献の保存状態がいかに良かったかがわかる。

迫った侵略から写本を守ろうとした、というのが最も有力な説となっている。

5世紀から11世紀初頭にさかのぼる4万点以上の写本を含め、この洞窟には、かつてシルクロードで発見された中では最大の文化遺物群が存在した。約9割は宗教書で、大半は仏教に関するものだったが、道教、マニ教、ゾロアスター教、キリスト教ネストリウス派に関するものもあった。残りは、公の書簡や私信、文学、外国語の会話表現集、暦のほか、売買契約書、融資や質屋の書類、会計台帳といった社会・経済に関する文書、医学、数学、織物、歴史、ワイン造りといったテーマに関する参考書など、実に興味深い文書が入り交じっていた。ほとんどの文書は中国語で書かれていたが、ホータン語、サンスクリット語、ソグド語、タングート語、チベット語、古ウイグル語、クチャ語、ヘブライ語、古テュルク語で記された写本もあった。

1994年、国際敦煌プロジェクトは蔵経洞で発見された写本の復元とデジタル化を開始し、それらの多くは現在オンラインで閲覧できるようになっている。

第6章

語教授だったペリオは語学に秀で、13の言語を話した。そのひとつが中国語だったことは極めて重要で、1906年の探検では食糧や水を調達するときに大いに役立ち、その後、さらに強みを発揮することになった。ペリオの探検隊はクチャを訪れ、ペリオはそこで失われた言語であるクチャ語の文書を発見した。そしてウルムチを訪れた際、敦煌写本の噂を聞いたのだ。写本の見本を念入りに調べたペリオはすぐに考古学的重要性を認識し、敦煌へ出発した。そしてスタインが発ってから3か月後の1908年3月、いよいよ敦煌に到着した。蔵経洞へ入ることを許されたペリオは次の3週間、膨大な写本に夢中で目を通し、ろうそくの明かりで夜遅くまで没頭することもしばしばだった（1日に最大1000部の写本を読んだという）。ここでもペリオの語学力がものを言った。中国語を話さなかったスタインとは異なり、ペリオは多くの文書を読んで評価し、最も価値があるものを選び出すことができたのだ。我が僧院の改修を続けたいと思っていた王道士は、ペリオが選んだ文書を売ることに同意した。

この時期、中央アジアを目指した数多くの探検は政治色の濃い状況下で行われた。イギリスとロシアはこの地域の覇権を争い、「グレート・ゲーム」を展開していた。ロシアは、イギリスが中央アジアで行っている商業的・軍事的侵略を懸念し、イギリスは、ロシアのアジア帝国建設によってインドを失うのではないかと神経質になっていた。その結果、探検隊が事実上スパイ活動の隠れみのになるケースも少なからずあった。

最も有名なのは、ロシア軍の大佐、カール・グスタフ・マンネルヘイム男爵の探検だ（マンネルヘイムはフィンランド人だが、当時フィンランドは帝政ロシアの一部だった）。マンネルヘイムは政治的・経済的状況を

［左ページ］王圓籙が発見した蔵経洞（第17窟）には、4万点を超える非常に貴重な写本を含め、驚くほど豊富な史料が収められていた。蔵経洞で発見されたこの絵は、観音菩薩として知られている。

［左］カール・マンネルヘイムは、ロシア帝国陸軍で名を成したフィンランドの軍司令官で、最終的に中将の地位まで上り詰めた。ポール・ペリオの探検隊にスパイとして加わったのち、1909年にロシアへ戻った。

［下］ラングドン・ウォーナーはハーバード大学付属フォッグ美術館で東洋部長を務めた。彼は敦煌の洞窟で26面の壁画を剥ぎ取り、母国の美術館に展示するために送った。現在、公開できる状態にある絵は5枚しかない。

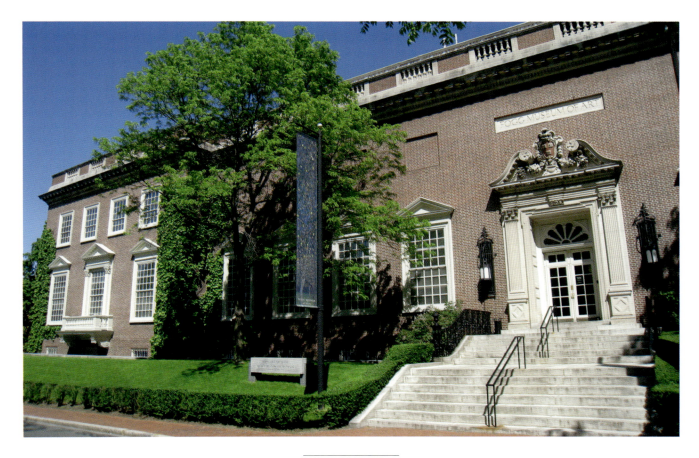

再発見

調査し、軍事情報を集めるため、ロシア軍参謀本部によって中央アジアへ派遣された。サマルカンドの列車の中でポール・ペリオと出会った後、マンネルヘイムは民族誌収集家のふりをしてペリオの遠征隊に加わった。だが、ふたりはうまくいかず、アルタイ山脈を越えて中国に入った後、別々の道を行くこ

とになった。マンネルヘイムはホータン、トゥルファン（ここで多数の写本や古代美術品を購入）、カシュガル、ウルムチ、敦煌を訪れ、その後、河西回廊を通って万里の長城をたどり、最終的に1909年にロシアへ戻った。

その後数年間、相次いで探検が行われ、デンマー

ク、日本、ドイツ、ロシア、アメリカの探検隊がタリム盆地へ進出していった。ドイツの第4次トゥルファン探検隊は1913年に出発したものの、第1次世界大戦が勃発し、計画は縮小された。同年、オーレル・スタインは3回目の探検を開始し、敦煌からさらに多くの写本を、アスターナの古墳から初期の織物の数々を、ベゼクリクから100箱分以上の壁画を持ち帰った。

ハーバード大学付属フォッグ美術館の美術史家で考古学者でもあった42歳のラングドン・ウォーナー率いるアメリカの探検隊は、1923年に中央アジアに到着した。そのころにはもう、以前の探検隊の活動により、遺物の入手可能性に影響が出始めていた。ハラ・ホトへ来てみれば、遺跡はスタインやロシア隊によって何もかも持ち去られたあとだった。そこで彼らは敦煌へ移動したが、古代の洞窟壁画の多くが白系ロシア人兵士によって破壊されているのを見てぞっとした。ロシア革命勃発後、国境を越えて逃げてきた兵士が400人、ここの洞窟で半年間拘束され、退屈しのぎに壁画を傷つけていたのだ。ウォーナーは特殊な接着剤を持ってきており、それを使って洞窟の壁から絵を剥ぎ取る作業を開始した。そして5日間かけて12作分の絵を剥ぎ取り、ハーバードへ持ち帰った。

中央アジアの探検隊が重要な遺物を収集し、西洋へ持ち帰るのは、これが最後となっていく。1800年代後半のロシア人とハンガリー人の探検に始まり、1930年代初頭まで継続した外国の探検隊だったが、実際のところ、活動するチャンスは以前と比べて限定されることになった。その後、中国政府は「外国の悪魔」が古代の遺物を略奪していると非難し、遅ればせながら、外国の探検隊に対して、国内の遺跡を閉鎖した。事態が頂点に達したのは1925年、再びウォーナー率いるアメリカの第2次遠征隊が敦煌にやって来たときだった。一行は地元住民のあからさまな敵意にさらされ、当局からも嫌がらせを受けた。莫高窟でわずか3日過ごしただけで、彼らは探検を諦めざるを得なくなった。スウェン・ヘディンだけは、中国の学者たちとの協働という形で最後となる4回目の探検（1927–1935年）を実行できたが、発見された資料はすべて中国側が保持することになった。スタインは1930年に最後の探検を開始しようと試みるも、当局によって期間は縮小され、発見されたものも没収された。1931年、中国の古物保管委員会は、考古学的遺物の輸出が正当化されるのは「原産国にその遺物の研究や保護を十分に行える能力もしくは関心を持つ者がいない場合に限る。それ以外はもはや科学的考古学ではなく、商業的破壊行為である」と宣言した。

外国人はもはや歓迎されなかったが、中国は考古学的活動を継続した。考古学の分野で最初に名を成した中国人学者は黄文弼だった。黄は、スウェン・ヘディンと徐旭生（じょきょくせい）が率いる西北科学考査団［中国とスウェーデンの合同探検隊］が1927年から1935年にかけて行ったゴビ砂漠とモンゴルの探検に参加した。そして1950年代からはさらなる考古学探検隊を率いてこの地域へ赴き、数多くの重要な遺物を発掘したほか、新しい遺跡もいくつか発見したが、文化大革命のさなか、1966年に殺された。1980年代以降、中国の考古学者は新疆地域で広範囲に及ぶ発掘調査を行い、古いシルクロードで注目すべき発見をもたらしている。

［左ページ］このハラ・ホトで発見された12世紀の写本。スタインが収集し、イギリスへ持ち帰った。探検調査が始まった当初から、探検家たちはいちばん気に入った人工遺物を持ち帰る傾向にあったが、やがて中国当局が異を唱えるようになった。

［下］千仏洞とも呼ばれる莫高窟は、敦煌外側の低い断崖に並んでおり、その中には多種多様な複雑な仏教洞窟絵画と、いくつもの大きな仏像がある。

再発見

159

❖ **シルクロードの観光**

中央アジアの驚くべき考古学的発見のニュースがヨーロッパへ届いていたちょうどそのころ、この地域は外国人に対して扉を閉ざしていった。1917年のロシア革命のあと、「～スタン」と呼ばれる国々——カザフスタン、キルギスタン、トルクメニスタン、ウズベキスタン、タジキスタン——は、新しいソビエト社会主義共和国連邦に併合され、中国は王朝時代の終焉と新たな中華民国の形成により、外国人、とりわけ西欧人に対する不信に特徴づけられる長きにわたるナショナリズムと孤立主義の時代に入っていった。

ソビエト時代、外国人向けの中央アジア観光は、観光客を受け入れる都市を限定する、「コースからはずれた」外国人には重い刑罰を科すなど、厳密に管理されていた。ソ連崩壊後の1990年代初頭に鉄のカーテンが取り除かれると、中央アジアはロシア革命以来、初めて西側に開放された。

中国の状況もほぼ同じだった。毛沢東時代の27年間を含み、その前から旅行は大幅に制限されていた。1976年に毛沢東が死去したあとは、鄧小平とその後継者のもと、社会改革と市場改革が行われ、制限が撤回されたことにともない、中国経済にとって観光の重要性が増していった。これらの変化は、

[下]1970年代の半ば、中国国家主席、鄧小平が行った改革によって制限撤回に向けた道が開かれ、観光が成長していった。

[右]トルクメニスタンの古代都市メルヴにあるスルタン・サンジャルのモスクは、シルクロードを旅することにした観光客を待つ多くの名所のひとつ。

再発見

国外からの訪問者の急増をもたらし、その数は1978年の180万人から2014年の1億2800万人へと増加した。

シルクロードの中東地域は、観光が散発的という点ではどこも同じ状況だった。イランなどの国々はおおむね、外国人に対してどちらかといえば閉鎖的だった。一方、イラクとアフガニスタンは、1960年代のヒッピー・トレイル時代には、快適とは言えないにしても、中東の中では行きやすい国だったのだが、戦争中は立ち入りが禁止され、最も魅力的な遺跡の一部が過激派によって破壊された。

現在、中央アジアの観光は依然として問題を抱えており、とくに観光インフラの不備や堅苦しい官僚制、内紛、汚職の蔓延が目立っている。国連の世界貿易機関（WTO）がシルクロードの観光促進を図り、古代の交易路上に位置する国々の協力関係改善に主眼を置いている。具体的には、観光客がこの地域を自由に行き来できるようなオーダーメイドのビザ制度を設けることが期待されている。

輸送面の困難を切り抜けた訪問者はその見返りとして、サマルカンドやブハラのような壮大なシルクロード都市の驚くべき建築はもちろん、中国西部の莫高窟やキジル石窟、トルクメニスタンのメルヴやニサといった興味深い文化遺産や考古学的遺跡を目にすることができる。中央アジアの個人旅行が比較的難しいのは相変わらずだが、民間企業によるパッケージ・ツアー——完全にシルクロード集中型のツアーもある——は増えてきている。

ウズベキスタンは、観光インフラが比較的発達していること、中央アジアでも指折りの印象的な建築物があることが自慢で、現在最も人気の高い観光地となっている。この国には4000以上の歴史的・文化的モニュメント、中でもイスラム建築の最も貴重な作品があり、140の場所が世界遺産に登録されてきた。ウズベキスタンへの訪問者は2005年から2013年のあいだに約20万人から約200万人へと10倍に増えた。

シルクロードは非常に魅力的な観光「ブランド」だ。世に広く認識され、シルクロードと聞いただけで、謎と異国情緒を帯びた豊かで魅力的な文化史が呼び起こされる。と同時に、シルクロードには目新しさという特徴があり、その点でも恩恵を受けている。シルクロードが通っている地域はまだどちらかと言えば近代ツーリズムの影響を受けていないから

[右]シルクロードの生活の一端を味わってもらう企画が観光客を引きつけてきた。ここでは、観光客がラクダに乗ってゴビ砂漠の砂丘を散策している。

だ。2014年、中央アジア地域は約1100万人の観光客を受け入れた（同じ年にイギリスが迎えた観光客は約3400万人）。しかし、中央アジアの観光客が急増しているからこそ、WTOは無計画なマス・ツーリズムが引き起こしかねない損害を避けるため、シルクロードに持続可能な、回復力のある観光を築く取り組みをしている。シルクロード上の多くの遺跡は非常に壊れやすく、何らかの方法で観光客の数を抑えなければ、すぐに被害を受けるだろう。

中国は、北西部の新疆ウイグル自治区——自国のシルクロード文化遺産の大部分が存在する地域——における観光プロジェクトにかなりの資金を投入している。ウイグル族、カザフ族、タジク族、キルギス族、モンゴル族、ロシア人など、いくつもの民族が暮らすこの地域は、この数十年、政情不安に悩まされており、中国政府はそのイメージを改善し、観光客を呼び戻そうと躍起になっている。観光産業の繁栄は、貧困が蔓延する反体制地域に雇用を創出することにもなるのだろう。

❖ 世界遺産登録

国連教育科学文化機関（ユネスコ）は1972年以来、人類にとって文化的もしくは自然として意義がある世界各地の場所を1000か所以上登録してきた。世界

［上］古代中国の都、洛陽にある龍門石窟の奉先寺洞は、シルクロードで目にする見事なユネスコ世界遺産のひとつ。

遺産はその場所の保護と正しい理解を促し、定期的に新たな場所を追加登録している。

2014年には、長安–天山回廊が世界遺産に認定された。今回登録された範囲は、中国の古代都市長安および洛陽からキルギスタンを経てカザフスタンのジェティス地域までと、3か国にまたがり、シルクロードの5000kmに及ぶ区間を網羅している。指定された30以上の遺跡や名所は総面積にして4万2668ha、緩衝地帯は19万haに及ぶ。そして構成資産には、中心都市、帝国や王朝の宮殿複合体、交易集落、仏教石窟寺院、古代の道、駅舎、関門、烽火台、万里の長城の一部、要塞、墓、宗教建築が含まれている。

これらの遺跡がどの程度保護されているか、どの程度旅行者が利用できるかは、場所によってかなりの差がある。多くの遺跡は非常に壊れやすいため、それで成長しつつある観光に不利に働く可能性もある。また、都市開発、農村開発、インフラ開発の影響や、農作業の変化に関しても懸念がある。実際、ジェティス地域の11の遺跡は保護と劣化防止のためにすべて埋め戻され、蓋をされてしまった。

長安–天山回廊の登録に続き、シルクロードのほかの区域の登録も期待されている。シルクロードのインド地域は暫定リストに載っており、海のシルクロードも検討に上がっている。ふたつ目のシルクロード世界遺産回廊の申請書を提出する作業が進行中で、フェルガナ–シルダリヤ回廊にはカザフスタン、キルギスタン、タジキスタン、ウズベキスタンが含まれることになるだろう。南アジア地域もブータン、インド、ネパールなどの国々を対象とし、シルクロード関連の推薦書類を準備している。

［下］標高3615mにもかかわらず、キルギスタンのパミール高原を通るタルディク峠は1年中通行できる。

再発見

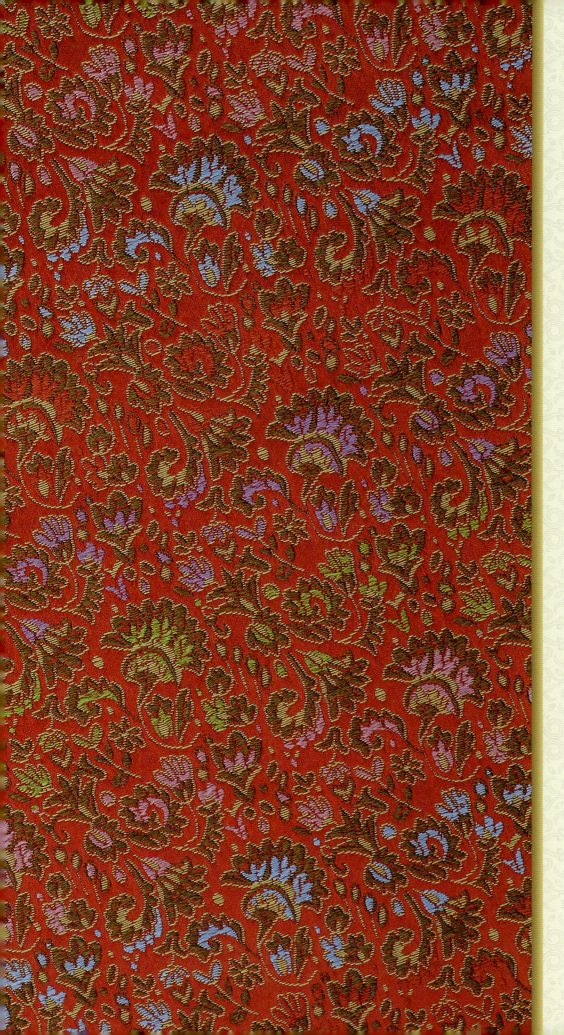

7 シルクロードの交易

シルクロードの交易

シルクロードの交易は、おおむねキャラバン交易だった。今日の大型トラックや鉄道車両、コンテナ船、貨物輸送機が都市から都市へ、国から国へと貨物を運んでいくように、ラクダ、馬、雄牛、ロバ、ときにはヤクの列が、古代の複雑な物流産業における輸送艦隊だった。しかし、交易品をどっさり積んだ大規模なキャラバンがはるか遠くまで旅をしていくという一般的なイメージは、おそらく間違っている。考古学的証拠が示唆するところでは、シルクロード上の交易の多くは基本的に小規模な行商人集団によって行われた。その「テリトリー」は比較的狭く、彼らが網羅していたのは、おそらく数百キロの距離にある3つか4つの町だったと考えられる。

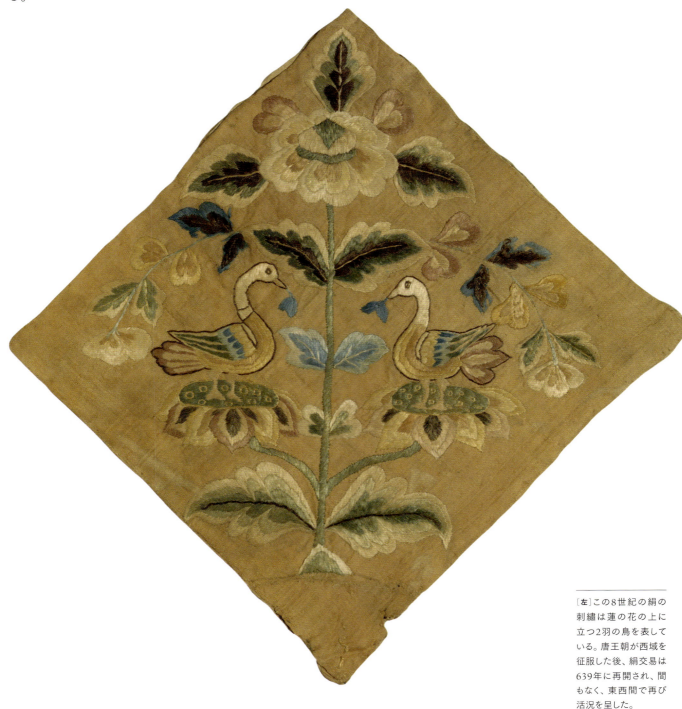

[左]この8世紀の絹の刺繍は蓮の花の上に立つ2羽の鳥を表している。唐王朝が西域を征服した後、絹交易は639年に再開され、間もなく、東西間で再び活況を呈した。

商人たちは途中でキャラバン・サライに立ち寄って休みを取り、水や食糧を補充したり、場合によっては小規模な取引を行ったりしながら、最終目的地へたどり着き、そこで積み荷を売って、新しい商品を仕入れ、来た道を戻っていったのだろう。したがって、商品はシルクロードの端から端まで旅をしていくあいだに、商人の手から手へと何度も中継されていくのが常だった。個々の商品の価格は持ち主が変わるたびに上がっていくため、最終目的地にたどり着いたときには、とてつもなく高価になっていることが多かった。また、商人たちは旅の途中で相手にするさまざまな仲買人や役人に賄賂や手数料を払うなど、臨時出費を強いられることが頻繁にあったため、それも商品の価格を押し上げる要因となった。

中継商人たちは可能な限り、シルクロードに多く存在した交易拠点のどこか、たとえばサマルカンドやブハラや敦煌など、いくつかの交易路が集まる場所で旅を終える（そして、新たな旅を始める）ようにしていた。この東西交易を補完していたのが南北交易で、北の遊牧民は南北交易を利用して家畜やそのほかの製品をシルクロードの集落に持ち込み、自分たちでは生産できなかったものと交換していた。

だが、シルクロードの「交易」とはいえ、実際には、その大部分が駐屯地に配備された守備隊や公務員に対する政府の「支払い」という形で行われていた。小規模な民間交易よりもむしろ、大量の絹やそのほかの必需品がこのような形で定期的に入ってくることによって、シルクロード沿いの多くの町や小さな集落の経済は支えられていた。たとえば、敦煌近くのある駐屯地は、745年に唐政府から2回の発送で合わせて約1万5000疋の絹を受け取っていた。政府が支給するこうした絹は、その集落内で食料など、生活必需品を買うために「消費」されたため、地元の商人社会に大量の素材を提供することになり、商人たちはそれを中央アジアなど、外国の製品と交換することができた。オアシスの交易商人にとって、絹など、ぜいたく品のもうひとつの供給源となったのは、遊牧民に強要された朝貢交易で、多くの場合、馬と交換されたぜいたく品が、最終的にオアシスの商人の手に渡っていった。唐代には、年に最大9万疋の絹が中国から西域へ流れている。

物の代金の支払いには、硬貨、絹、穀物、敷物、物々交換など、さまざまな交換手段が用いられ、最終的に紙幣が使われるようになった。硬貨は、金（といっても多くは偽物）、銀、銅、鉛、青銅など、さまざまな金属から作られた。硬貨は不足しがちだったため——原料の金属が不足しがちだったからだ——中国政府の規定では、奴隷や家畜といった高額

な購買の支払いには絹を用い、硬貨は安価な商品の購買に使うよう定めていた。

シルクロードを行き来していた交易商人や行商人の出身はさまざまだった。そのときどきで、ソグド人、中国人、インド人、アラブ人、トルコ人、ウイグル人、ブハラ人、ギリシア人、ユダヤ人、イタリア人が中央アジアの交易で活躍した。この中で最も重要な役割を担ったのはソグド人で、彼らは中国やインドとの交流で優位を占め、中国中央部やタリム盆地のほか、さまざまな交易路でビジネス・コミュニティを築いていた。

シルクロードの交易が発達するにつれ、大規模集落の内部に商業基盤も整っていった。営利目的の団体——多くの場合、家族経営の事業——が発達し、物資輸送組織の役割を担うようになった。契約の手はずを整える仲介業者、信用貸しを行う銀行、両替商、宿泊施設を提供するキャラバン・サライも存在した。都市には倉庫はもちろんのこと、市場専用の地域や商人街も用意されていた。大規模な集落では、この地域は金細工商、あの地域は帽子屋、桑の葉市場、家畜市場といった具合に、扱う商品の種類に応じて場所が割り振られていることもあった。これらの市場では外国の交易品も売られていたが、多くの場合、商品の大部分は地元で生産されたもの

［上］この保存状態の良いテラコッタ像は北魏時代（386–534年）のもので、シルクロードのラクダの御者をかたどっている。ラクダは交易路の厳しい環境に非常に適しており、8週間で1609kmの距離を踏破できた。

シルクロードの交易

 ほとんどのキャラバンは小規模なもので、たいていは人間が4、5人と動物が10頭程度しかいなかったが、数百頭、それどころか数千頭のラクダがたくさんの荷物を背負い、数十人、場合によっては数百人の商人、従者、運搬人夫に世話をされながら、何十トンもの商品を運んでいくケースもあった。周王朝の歴史には、240人の非中国人商人で構成されるキャラバンが現代の甘粛省武威を目指し、色とりどりの絹を1万疋運んでいったとの記録がある。

 遊牧民を含む地元の人々は、しばしばキャラバンのガイド役(キャラバンバシ)を務め、砂漠を行く険しいルートで商人たちを先導した。ときには遊牧民が自分の家畜を連れてキャラバンに同行し、必要に応じて食料や輸送手段として牛を提供することもあった。また、キャラバンはたいがい通訳を雇っており、盗賊の問題が生じると、通訳が用心棒役を引き受けるのが常だった。そのようなとき、商人たちは安全のため、大人数で集まって行動することが多かった。

 ラクダのキャラバンでは、1グループ5頭から10頭のラクダが頭と尻尾をロープでつながれ、人間と同じペースで歩いていた。旅が終わると、ラクダは休息と体力回復のため、その場に残され、商人たちは復路をともにする新しいチームを集めた。商人はラクダを賃借りするか、買うかしていたと思われ、通常、絹14疋分の費用がかかった。そして、借りた場合は、ラクダを健康な状態で返却する義務があった。

 シルクロードは危険な場所にもなり得た。飢餓、のどの渇き、熱中症、低体温症、毒ヘビ、毒グモ、サソリ、病気、盗賊はすべて潜在的脅威だった。猛烈な砂嵐は、少なくとも動物が逃げだしたり、旅人が方向感覚を失ったり、道が消滅したりする原因となり、最悪の場合、キャラバンを丸ごと埋めてしまう可能性があった。また、春から夏にかけてはとくに、冬場に積もった雪が溶けるため、旅人は洪水に押し流される危険があった。交易路と交わる山岳地帯を旅することは、起伏のある狭い道から滑り落ちる、雪崩や落石に遭う、低体温症に陥るなど、それ自体が危険をもたらした。パミール高原を越えていく道は、そこを何とか通り抜けようとして命を落

[左ページ]「使節団の図」(650年ごろ)と題された色鮮やかな壁画の細部。サマルカンド北部の古代遺跡アフラシアブで発見されたソグド人芸術のまれな一例。

[上]明の万暦代(1573−1620年)に織られた絹には、毒ヘビ、サソリ、毒クモ、ムカデなど、シルクロードで旅人が遭遇する多くの危険が描かれている。

シルクロードの交易

した多くの人々をたたえて「骨の道」と呼ばれている。

シルクロードのうち、中国を通るルートを行く旅人は、政府の厳重な監視下に置かれた。すべての旅人は国境に到着すると、公式の文書——事実上、シルクロードのパスポート——の申請が義務づけられた。この通行証は、ポプラの木で作られた木簡であることが普通で、旅の一行の面々が、まず男性、次に女性、家畜の順番で記載されていた。旅行者は地域から地域へと移動するごとに、関所に立ち寄ることを義務づけられ、そこで地元の役人によって、旅をともにする人間と動物が、通行証の筆頭にある人物の合法的「所有物」であるかどうかがチェックされる。動物の場合は通常、合法的に購入されたものであることを示す証明書の提出も手続きに含まれた。キャラバンの通行証は各関所で精査された後、新しい通行証と交換される。文書は日付入りで、証人によって真実であることが証明されており、これを読む役人に向けて「この一団を通過させること。万が一、ここに記載された以上のものが存在する場合は、通過を許可してはならない」との指示が書かれていた。旅行者は当局の許可なしに旅程から逸脱することを禁じられていた。

ラクダなど、荷役用の動物でも、極端に重い物やかさばる物を背負っていては、山や砂漠を越えられない。そのため、木材のような原材料がシルクロードの陸路で運ばれていくことはめったになかった。

[左]「キルギスタンのオシュからパミール高原を越えてアフガニスタンのマザーリ・シャリーフへ至るルートは、そこを行く人々が多くの危険に直面したことから「骨の道」と呼ばれている。

[上]ふたつの竜をかたどった12世紀から14世紀にさかのぼるカップ。このような翡翠の彫刻は、中国の西域交易の主要商品だった。

[次ページ]現代のブハラ(ウズベキスタン)の露店では、シルクロードで取引されていたものと同様の伝統的な手織りの絨毯が売られている。

シルクロードの交易

紙幣

唐代の800年ごろ、初めてある種の紙幣が使われた。すぐに吹き飛んでしまいそうなことから飛銭と呼ばれ、遠隔地へ重い銅銭を送る代わりに、政府が発行する証明書という形を取っていた。証明書は首都で銅銭と交換でき、譲渡可能であったため、商人は通貨を使うように証明書のやり取りをしていた。

宋代には、四川省の民間商人や銀行によって発行された本物の紙幣が初めて使われた。この紙幣は広く流通し、支払い手段としてすぐに受け入れられた。しかし、1023年に回収され、政府によって印刷された公式の紙幣に置き換えられた。ただ、政府が発行した紙幣の価値をまかなえるだけの硬貨を保有していなかったため、結果としてインフレが起こった。

13世紀にはモンゴル人が中国内で強制的に紙幣を再導入し、中央アジアとの交易に使う銀銭をより多く、中国人のもとに残そうとした。しかし、またしても、過剰に印刷された紙幣が市場にあふれ、その価値は急速に下落していった。

13世紀後半のペルシアでは、イル・ハン国の支配者ガイハトゥが紙幣の導入を試みたが、さらに悲惨な事態を招いた。商人は紙幣の受け取りを拒否し、暴動が発生。経済活動の大部分が停止すると、ガイハトゥは紙幣を回収せざるを得なくなった。ガイハトゥはその後間もなく暗殺された。

[上]紙幣の製造に使われた宋代の印刷版。家、人、木々の絵が描かれた紙幣は、赤と黒のインクで印刷され、銀行の印鑑が押されていたため、偽造は非常に難しかった。

その代わり、陸路は主として、絹や宝石、香料、スパイスなど、重量に対する価値が高い、小ぶりのぜいたく品の輸送に使われた。シルクロード経由で中国にもたらされた物の中には、ペルシア産のナツメヤシ、サフラン・パウダー、ピスタチオ、ソマリア産の乳香、アロエ、没薬、ローマ産のガラス製品、金などの貴金属、切り出した貴石や琥珀、東南アジア産のスパイス、インド産の象牙、綿、白檀などがあった。逆に中国から出ていくキャラバンは、数ある交易品の中でもとくに、絹織物、玉の彫刻、紙、漆器、鋼、皮革製品、陶磁器を運んでいった。

中世の時代には奴隷――多くの場合、戦闘や襲撃の際に捕らえられた兵士や民間人――が重要な商品であり、シルクロードにはヒヴァやブハラなど、奴隷専用の市場があることを売り物にしている都市もあった。とはいえ、奴隷交易の大半は、キャラバン・サライや小規模な集落で非公式に営まれていた。唐代には、トゥルファンを通過するキャラバンの8割が奴隷売買を行っており、奴隷が旅行者全体の4割近くを占めていたとの説もある。奴隷は遊牧民に買われ、遊牧民のもとで酷使された。奴隷制度は18世紀までに段階を追って法律で禁止されるよ

うになり、交易は衰退していった。

❖ ルート

シルクロードは、今の私たちが抱く道のイメージとはほど遠いものだった。舗装はされておらず、たいてい標識もないため、シルクロードを構成していたさまざまなルートはめったに識別できず、それゆえ、ガイドを雇う必要があったのだ。地形のせいで取れるルートが限られ、旅人が高い山の峠や砂漠を越えていくことを余儀なくされただけでなく、大雪、洪水、砂嵐で進路上に移動してきた砂丘、新しい地方税の賦課、場合によっては戦争の勃発など、状況の変化に応じてルートそのものが程度の差はあれ移動してしまうことも多かった。

中国の首都、長安を出発した旅人は、ゴビ砂漠と祁連山脈に挟まれた河西回廊を経て西へ進んだ。事実上、中国本土の西端となる玉門関を通過したあと、大方の旅人は楼蘭を目指し、そこで決断を迫られた。タクラマカン砂漠の北を回るルートを取るか、南を回るルートを取るか? あるいは危険を冒して砂漠の真ん中を行くルートを取るか? ここは最も困難な区域に数えられ、気温がさほど過酷ではない冬場に通り抜けるのが普通だった。さもなければ、キャラバンは暑さが最も厳しい時間を避け、夜間に移動した。また、タクラマカンを取り巻くように点在する集落やキャラバン・サライに立ち寄って旅を中断し、数日から数週間、あるいはそれ以上そこに滞在することも多かった。少数ながら、中にはタクラマカン砂漠を完全に避け、天山北路を通ってフェルガナやソグディアナへ向かう旅人もいた。

タクラマカン砂漠の各ルートは、オアシス都市カシュガルで合流していた。ほとんどのルートはそこから、天山、カラコルム、崑崙、ヒンドゥー・クシ、パミールの素晴らしい山々が集まる、いわゆるパミール・ノット(パミールの結び目)へと入っていく(ただし、そこから分岐し、たとえば、カラコルムを経て南のインドへ向かうルートもいくつかあった)。この区域は4000m以上の高度に達する道もあり、旅人に新たな困難をもたらした。

この厄介な障壁の向こう側へ到達すれば、旅人は南のインドへ向かうか、そのまま西へ進んで伝説のオアシス都市、サマルカンド、ブハラ、メルヴへ向かい、さらにペルシア、中東へと通じる一連のルートを通って、いよいよ地中海に到着する。このように、シルクロードの「北道」と「南道」とは、タクラマ

[上]タクラマカン砂漠を通るルートはカシュガルで終わり、つかの間の休息をもたらしたが、旅行者はその後、危険を冒してパミール・ノットに挑んでいった。

[下]現在の甘粛省敦煌の近くで、砂漠の砂が移動する様を見下ろす望楼の遺跡。望楼の起源は漢代(紀元前206年から西暦220年)にさかのぼる。

シルクロードの交易

177

カンを回る2つの主要ルートを指す場合もあれば、中央アジアと地中海に挟まれたパミール西側のさまざまなオプション・ルートを指す場合もある。

❖ キャラバン・サライ

シルクロードの交易が発達するにつれ、商人に宿と食事を提供するために必要なインフラも発達していった。その中心となったのが、旅商人とキャラバンを収容できるように設計された大きなゲストハウスだった。国によって名称は異なるが、今は「キャラバン・サライ」として広く知られている。これはペルシア語のふたつの単語、カールバーンもしくはカールワン（キャラバン、もしくは旅行者の集団）と、サラーユもしくはサラ（場所、家、もしくは単に囲まれた建物）から派生した呼び名だ。

多くの区域を移動するのは危険をともなった。そのため、キャラバン・サライは可能な限り、1日の旅程内——道の保守がなされている地域では約30kmから40kmごと、すなわち約8時間から10時間で歩ける距離に置かれていた。これは商人が（そして、これが肝心なのだが、彼らの貴重な積み荷が）路上で危険にさらされて夜を過ごさずにすむことを意味していた。場合によって——領土の境界に近い地域にある場合はとくに——キャラバン・サライの壁は防備が強化されており、建物はホテル兼軍の前哨基地として二重の役割を果たしていた。

キャラバン・サライは夜を過ごし、翌日の旅の準備をするための安全な場所を旅人に提供すると同時に、地元の人々やほかの旅行者と取引をしたりコミュニケーションを取ったりする重要な出会いの場にもなっており、経済的、社会的、文化的に大きな意義を有していた。単なる宿をはるかに超えた存在であり、異文化間対話の拠点、すなわち文化の交配を行うるつぼとしても機能していたのだ。商人たちはここで自分の物語や経験を伝え、突き詰めていけば、それが文化や考え方や信条を共有することになったのだろう。サマルカンド、カズヴィーン、ブルサ、アレッポ、アッコなど、キャラバン・サライを擁した都市の多くは、最終的には知と文化の中心地となり、隔絶された地域では、キャラバン・サライがその土地の文明の中心地となった。

キャラバンの経路には多種多様な文化を持つさまざまな人種が暮らしていたため、商人は片言でも、いくつか異なる言語を話せる必要があり、キャラバ

［右］アレッポのような都市は交易と文化の中心地として栄えるようになり、そこのキャラバン・サライは物と物語の両方を交換する機会を提供した。

シルクロードの交易

ン・サライは、ルールやエチケットとともに、現地の言葉を学ぶにはうってつけの場となった。また、キャラバン・サライの多くはモスクを備えており、旅行者はそこでしばしば宗教的義務も果たすことができた。

　建物は要塞に似ていることが多い。形は正方形か長方形で、焼きレンガや粘土、石など、地元の素材で造られた頑丈な外壁と、かさばる物や動物を通すことができる大きな門を構えているのが普通だっ

た。中に入ると広い中庭があり、その周りを宿泊用の小部屋、動物を入れておくための納屋、交易品用の倉庫が取り囲んでいた。部屋には必要最低限のものしかなく、窓など、換気装置はなかったが、多くの場合、日射しや雨をしのげる小さなベランダがついていた。一部のキャラバン・サライでは、大きめの角部屋は政府関係の旅行者が利用できるようになっていた。多くのキャラバン・サライは宿泊客が入浴できる場所をどこかに用意しており、中には医

者を置いているところさえあった。多くの場合、中庭にバザールが設置され、旅商人どうし、旅商人と地元住民との取引が行えるようになっていた。

中央アジアを通るさまざまな交易路がより多くの富をもたらし、取引量が増えていくと、10世紀ごろからキャラバン・サライの建設が増大していった。その結果生まれたキャラバン・サライのネットワークは、中国からインド亜大陸、イラン、コーカサス、トルコまで広がり、さらには北アフリカ、ロシア、東ヨーロッパにまで及び、その数は数千に達した。多くのキャラバン・サライは今も存続している。

［上］典型的なキャラバン・サライは、道路沿いに建てられた大きな正方形もしくは長方形の構造物で、商人や動物が旅行中に一晩休むことができる場所だった。これは現代のイラン、ファールス州のキャラバン・サライ。

シルクロードの交易

ソグド人

サマルカンドやブハラのような有名都市の建設を担い、シルクロードの商取引では重要な役割を果たしてきたにもかかわらず、イラン語を話すソグド人と呼ばれる人々について、私たちが知っていることは比較的少ない。

実際には、ソグディアナは統一国家というより都市国家の集まりで、おおむね現在のタジキスタン北部とウズベキスタン南部、とくにサマルカンド周辺を中心としていた。これはおおよそ、ときにトランスオクシアナと呼ばれた地域に相当する。ソグド人は砂漠に囲まれた肥沃な渓谷に住み、その中でも最も重要な地域はゼラフシャン川の流域だった。

しかし、ソグド人は現在の中国西部にも広大な植民地を建設し、シルクロード全域の都市や市場にソグド人の前哨地があった。シルクロードの最盛期、具体的には5世紀から8世紀にかけて、ソグド人は中央アジアと中国の交易交流における第一の仲介者に数えられ、シルクロードのキャラバン商人として主役を演じていた。

ソグド人の影響は実に広範囲に及び、7世紀にはソグド語が実質的に中央アジアの共通語となっていた。10世紀ごろ、ソグド語はペルシア語圏に組み込まれ、ソグド文化は事実上消滅した。

「ソグド人は息子が生まれると
口に蜜を含ませ、手のひらに膠を握らせる。
そうすれば、成長した息子は甘い言葉を口にし、
まるで手にくっついていたかのように
銭をつかむようになる…。
彼らは取引に長け、金もうけを愛し、
20歳になると異国へ旅立つ。
利益のあるところなら、彼らはどこへでも行くのである」
——『新唐書』(1060年)

[左]イラン、ペルセポリス遺跡の浮き彫りフリーズ[帯状の彫刻を施した小壁]。雄羊を連れたアケメネス朝時代(紀元前515年ごろ)のソグド人使節団が描かれている。

❖ 絹

中国の言い伝えによれば、絹が初めて開発されたのは紀元前2700年ごろになるが、絹を作る工程、養蚕の起源は紀元前5000年までさかのぼる可能性があることを示す証拠が存在する。絹は初期のころから極めて価値の高い製品と見なされ、王朝だけが用いるものとされてきたが、結局、中国社会に広く取り入れられるようになった。

中国人は紀元前1千年紀の初めには絹の交易を始めていたと考えられている。おそらく紀元前1070年に作られたと思われる中国の絹の遺物がエジプトで発見されており、アフガニスタンでは紀元前500年ごろにさかのぼる中国産の絹が考古学者によって発見されている。漢王朝によってシルクロードの陸路が「正式」に開通すると、絹は中国の主要輸出品のひとつとなった。

ローマ人が初めて高品質の絹を目にしたのは、紀元前53年、パルティア人がカルラエの戦いの前に旗を掲げたときだったと言われている。ローマは異国情緒のあるぜいたく品として絹を気に入り、帝国のエリートたちのあいだで、絹はたちまち大人気となった。しかし時とともに、ローマの指導者たちは絹に関して深い矛盾を抱えるようになった。絹の品質を賞賛しつつも、絹を求めるあまり、交易の収支がいつも中国側の黒字となっていることが実証され、この経済的不均衡を遺憾に思っていたのだ。要は、中国の絹を大量に買うために、ローマの銀が大量に使われていることが問題だった。

ローマの指導者たちは、絹を放縦と退廃の象徴と考え、その点も危惧していた。絹は供給が限られており、多くの商人は在庫を持たせるために生地をほどいて織り直し、より薄い、ほぼ透けて見える衣服を作っていた。皇帝の顧問、小セネカは「私には絹の服が見える。もしも体を隠さず、おのれの品性も隠さぬものを服と呼べるのならば」と記し、こう続けた。「そのような服を作る哀れな女工たちはこぞってそのような服を着まとい、薄衣の下から姦婦であることが透けて見えているのだろう。だから、夫は妻の体をよく知っているが、よそ者や異人も同じように知っているのである」。対応策として、元老院は絹の衣類の着用を禁じるいくつかの法令を出した。たとえば、ローマの歴史家タキトゥスによると、西暦14年、元老院は男性が絹を着用することを違法とし、「東洋[東方]の絹がこれ以上男性を堕落させることがあってはならない」と決議した。こうした禁止令の効果があまり長続きしなかったのは、おそらく当然の成り行きであろう。

476年にローマ帝国が崩壊したあとも、絹は相変わらず地中海地域でもてはやされた。ローマ帝国の継承国であるビザンティン帝国は、絹へのほれ込みも継承し、とりわけ教会や支配階級のあいだで絹への心酔が続いた。こうしたエリートたちが身に着け、使用していた絹は紫に染められているのが一般的で、それに用いる特別な染料は、東地中海で見られる捕食性の巻き貝が出す粘液性の分泌物を原料としていた。

絹は服を作るためだけに使われていたわけではない。絹は釣り糸にもなり、紙や楽器の弦を作るのにも使われた。さらに、一般的な交換媒体にもなった。中国の農家は地元産の絹で税金を払い、公務員は絹で給料を受け取っていた。絹は外交上の贈答品としても広く用いられた。6世紀には、絹糸(釜糸(ブロス)とも呼ばれる)のほうが絹織物よりも商品としての人気が高まっていた。ペルシアや地中海周辺では、その土地の好みに合わせたデザインやスタイルで絹糸が織られていた。

[上]小セネカ(紀元前4年–西暦65年)は絹の衣類が堕落をもたらすと危惧していた。

[左]張萱(ちょうけん)(713–755年)を模した12世紀中国の絵画。織り上がったばかりの絹を用意する唐朝の女官が描かれている。

シルクロードの交易

養蚕と絹の起源

絹はさまざまな無脊椎動物によって生成されるが、中国で見られるカイコの一種（Bombyx moriボンビクス・モリ）は、高品質の絹織物の生産に比類なく適している。今は飛べなくなっている蛾の幼虫、カイコは桑の葉を餌とし、それを絶え間なく食べ、最終的にはもとの体重の約1万倍に成長する。10gの卵から孵化したカイコが300kgの桑の葉を消費した後、さなぎになり、その時点で約2kgの生糸を作り出す。

カイコは成熟すると腺分泌物を生成するようになり、それが乾いて糸状の繊維になったものを利用して、3、4日かけて繭を形成する。繊維は通常300mから1000mの長さになり、非常に丈夫で、ほぐすことができる。まず、繭を煮て中のさなぎを殺し、繭をまとめている膠質の物質、セリシンを溶かす。次に繭を温水に浸し、繊維をほぐしていく。そして乾いた繊維を撚り合わせて絹糸を作り、それをリールに巻き取っていく。その後、絹糸を紡いでいくが、その際、ほかの撚り糸が加えられることも多い。この糸は染色し、織機で織ることができる。ドレス1着分の絹を生産するには約2000から3000個の繭が必要となる。

絹は実に用途の広い生地だ。身に着ければ夏は涼しく、冬は温かさを保ってくれる。また、絹は吸収性が非常に高いため、綿やウールや麻よりも染色性に優れている。きらきら光る様は絹の魅力であり、体の上で描かれるドレープはとくに魅力的だ。さらに、絹は燃えにくく、腐蝕にも強い性質がある。

[上]中国で見られるカイコの一種、ボンビクス・モリは、高品質の生地に最適な絹を生成する。

王朝の秘密

絹の生産に使われた技術は、約3000年のあいだ、中国では門外不出の秘密となっていた。勅令にもとづき、外国人に秘密を明かした者は皆、死刑に処せられたという。こうした努力が大いに功を奏し、西洋の人々は西暦1世紀の初頭になっても、絹は木になっているものと信じていた。だが、中国は絹の生産を完全に独占していたわけではなかった。紀元前200年ごろ、中国の移民が朝鮮に養蚕をもたらし、西暦140年にはインドでも養蚕が確立され、日本では西暦3世紀ごろまでに養蚕の技術が広く知られるようになっていた。

養蚕の秘密は6世紀にようやく西洋に到達した。伝説によると、552年に中国を訪れていたふたりのネストリウス派(アッシリアのキリスト教徒)の修道士が竹のつえに蚕卵と桑の種を隠し、ビザンティン帝国の首都コンスタンティノープルにこっそり持ち帰ったという。修道士が持ち帰った材料と知識は、その土地の製糸業の基礎を形成し、ヨーロッパ中に聖職者の祭服と貴族の礼服をもたらすことになった。

唐代には、ペルシア人や中央アジアのさまざまな民族も絹を生産するようになっていた。とはいえ、中国の絹はその優れた品質のため、引き続き大きな需要があった。

[上]552年にネストリウス派の修道士が竹のつえに蚕卵を入れて秘かに持ち帰り、絹作りの秘密が西洋にもたらされたと言われている。

[下]宋代の絵画(絹本墨彩)の細部。桑の葉を入れた浅箱にカイコを置く女性たちが描かれている。カイコは桑の葉を食べ、その後、絹の繭を作る。

シルクロードの交易

8 知恵や知識の交換

知恵や知識の交換

シルクロードは従来、交易路の集まりと考えられてきたが、ユーラシアの歴史にとって、そしてもちろん、世界の歴史にとって最も重要だったのは、実は物ではなく、知恵や知識の伝播にかかわることだったとも言える。技術革新、宗教思想、言語、医学的知識、料理、建築様式、さらには都市計画の技法までもがシルクロードを通ってユーラシアを越え、海を越え、東西に伝わっていった。

時として、知恵や知識の広がりは戦争の副作用だった。争いから逃れ、安全な避難場所を求めてシルクロードを移動する難民が知恵や知識や文化をもたらす例は何度もあった。中央アジアへのイスラム教の広がりは、その大部分が帝国に征服された人々によってもたらされた。また、ティムールとモンゴル人はいずれも、征服した領土から職人や知識人たちを帝国の都へ移している。製紙は、8世紀の戦いでその技術を持っている中国人兵士が捕虜になったとき、イスラム世界に伝わった。と同時に、中国の機織り技術も渡っていったと言われている。

とはいえ、文化や技術の伝達方法として最も影響力があったのは交易だった。西洋の交易商人は、車輪付きの乗り物やさまざまな形式の冶金術を中国にもたらした。片や中国も、磁石を使った羅針盤、機械時計、傘、弩、凧、手押し車を世界にもたらした。ネットワークを通じて活躍していたイスラム商人は、国際銀行や株式会社など、新しい金融機関や金融商品を生み出し、複式簿記を発明した。

織物はシルクロード交易の中核をなしていたた

［左］新疆、タクラマカン砂漠の埋もれた都市、楼蘭から出土した、3世紀から4世紀ごろにさかのぼる織物絨毯の断片。楼蘭はロプ砂漠の北東の端に位置するシルクロードの古代王国だった。紀元前108年、漢王朝は楼蘭を朝貢国とし、紀元前77年には完全に支配権を握り、楼蘭を鄯善と名づけた。現在、この場所は完全に砂漠に囲まれている。

紙の発明

何世紀ものあいだ、中国人は文字を記すのに、竹簡や木簡、あるいは絹を使っていた。いずれもとくに便利だったわけではない。絹は高価で、木と竹は重くてかさばるものだった。紙が発明されたのは、「公式」には105年ということになっており、これはだいたい、シルクロード陸路の交易が開花し始めたころに当たる。この年、洛陽で宮廷の調度品を製作する役所の長官を務めていた蔡倫は、製紙の工程に関する報告書を作成して皇帝に献上し、その中で、桑の樹皮を繊維にして細かく砕き、紙にしたと述べている。しかし考古学的調査が示唆するところでは、製紙法は実際には200年ほど早く中国南東部で発明されており、主に麻の繊維が使われていた。

当初、紙は主として薬や茶葉の包装に使われたが、その後間もなく、筆記用として使われるようになった。比較的高価だったため、普及には限度があったものの、中国や東アジア全域に急速に広まった。中国人は製紙法の秘密を共有することを嫌い、東洋のほかの生産拠点を一掃して、製紙独占を試みようとさえした。その後751年に、アッバース朝のアラブ人カリフがタラス河畔の戦いで中国の唐軍を破った。捕虜となった中国人兵士の中に製紙法を心得ている者がおり、やがてサマルカンドで小さな産業が発達した。製紙法はすぐにバグダードへ伝わり、8世紀の終盤にかけて、そこに世界初の製紙工場が設立された。アラブ人も製紙法の秘密を油断なく守り、12世紀ごろまでヨーロッパへ製紙が伝わることはなかった。

6世紀に中国人が木版印刷を考案すると、写経に功徳があるとする仏教にさっそく受け入れられた。この画期的な技術に続き、11世紀には同じく中国で活字印刷が発明された。紙やさまざまな印刷形態の発明によって、本がより安価で使いやすくなったため、これらの発明は文学と識字能力の普及という形で極めて大きな影響を及ぼした。

［上］この版画は、砕いた竹で作られたパルプを用いた中国初期の製紙を描いている。

爆発的アイデア

シルクロードを移動していった技術革新の中には、正真正銘、歴史を変えたと言えるものがある。火薬は、唐代末期に不老長寿を追求していた中国の錬金術師によって発明されたが、類似の物質に言及した漢代にまでさかのぼる史料がある。火薬がアクロバットショーや人形劇で使われる「特殊効果」から、花火、戦争で使われる精密兵器へと進化するまでに数世紀を要した。12世紀には、中国人が単純な大砲と銃に火薬を使用した。同じころ、アラブ世界に伝わった火薬は、それからさらにギリシアやヨーロッパのほかの地域へと伝わり、ユーラシア全体の地政学的バランスを変え、新たな戦争の時代を迎えることになった。

［上］ジュリオ・フェラーリオの『世界の人々の古代と現代の衣装 Ancient and Modern Costumes of all the Peoples of the World』（1843年）より、移動式の攻城梯子、移動式の壕橋、発火装置、爆発性の火薬の運搬車、壁をえぐるための槍など、古代中国の武器を描いた手彩色の版画。12世紀までに、火薬は中国の戦争において重要な要素となっていた。

め、繊維生産にかかわる技術がシルクロードを通じて広がったことは驚くに値しない。織機は、最初に開発されたのはおそらくエジプトだが、中国で大きな発展を遂げ、新しい修正が加えられるたびに、メソポタミアやほかの地域の織工たちへと広がった。たとえば、絹の生産に革命を起こした文様織用の織機の最古の証拠が、紀元前2世紀にさかのぼる中国南西部成都の墓で発見されている。

初期のエジプトの水車をもとに、ローマ領シリアで300年ごろに水くみ車が発明されるなど、灌漑技術が伝播したことによって、中央アジアの農家は乾燥地でも耕作が可能になった。こうした技術に支え

[上]シリアのハマーを流れるオロンテス川のほとりにある水くみ水車。このような水かき方式の水車は、灌漑用水を導水管へくみ上げることを可能にした。

られた集落がなければ、シルクロードがかくも機能していたかどうかは疑わしい。シルクロードを通じて広がった農業技術の例としてはほかにも、種まき機、作物の列植、鉄鋤などが挙げられるが、これらはすべて中国で発明された。

❖ 言語

シルクロードの陸路、海路、双方の歴史を通じて、何百ものさまざまな言語が複数の地域で話され、それらの地域を結びつけてきた。大まかに言えば、シルクロードの陸地で使われた言語は主に4つのグループ、インド・ヨーロッパ語、シナ・チベット語、テュルク語、モンゴル語群に分けられる。そして、地域が変われば話される言語が変わるのと同様、時代によっても話される言語は変わっていき、それはたいてい、領土の拡大縮小の結果だった。つまり、変わったのは言語だけではなく、言語を話す民族もすっかり変わってしまったのだ。その副作用のひとつとして、中央アジアでは当惑するほどたくさんの言語が話されていた。今日までにタリム盆地だけでも28種類の言語の記録が発見されており、そのうちのいくつかはこの地域特有の言語で、最よ

知恵や知識の交換

復次須菩提菩薩於法應無所住行於布施

不住色布施不住聲香味觸法布施須菩提

應如是布施不住於相何以故若菩薩不住相

其福德不可思量須菩提於意云何東方虛

量不不也世尊須菩提南西北方四維上下虛

思量不不也世尊須菩提菩薩無住相布施

復如是不可思量須菩提菩薩但應如所教住

須菩提於意云何可以身相見如來不不也世

以身相得見如來何以故如來所說身相即非

佛告須菩提凡所有相皆是虛妄若見諸相

則見如來

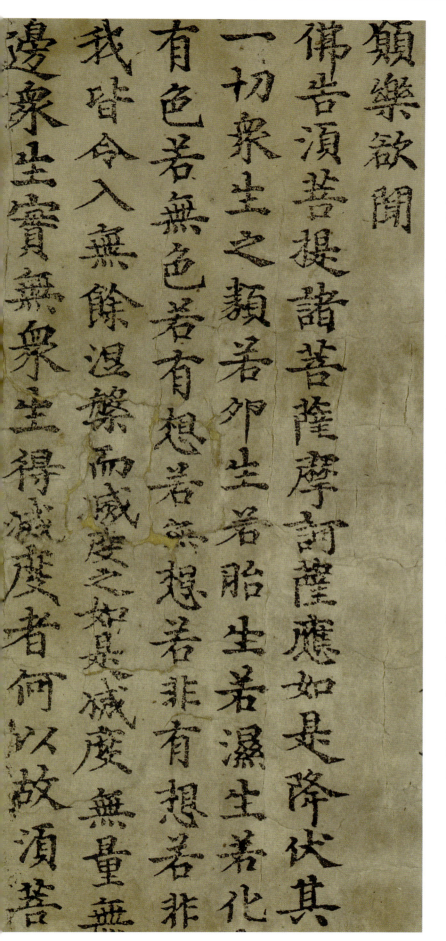

く見られたのは、コータン語、トカラ語、ソグド語、中国語だった。

相互理解ができない問題に対して、旅商人には多くの解決策があった。片言でも、いくつか異なる言語を話せるようにするとか、通訳を雇うとか、場合によっては、外国語の会話表現集を携帯するといったことだ。敦煌の蔵経洞で発見された文書の中にそのような会話表現集がいくつか交じっており、そのうちのひとつは明らかに、中国へ旅するチベット商人向けにまとめられたもので、そこには、食品、衣類、道具、武器などの商品名とともに、「精いっぱいの価格」や「見せてくれてありがとう」といった売買に関する一連の表現や、外国の町で食べ物やその晩の宿を探している人に便利な言葉や表現が記されていた。

しかし、もっと簡単な解決策は、交易商人がリンガ・フランカ──今日の英語やスペイン語のように、地域全体で広く使用されている共通語を採用することだった。シルクロードでは長年にわたり、多くのリンガ・フランカが採用されてきた。最盛期には、ソグド人の言語がユーラシアの交易におけるリンガ・フランカだった。その後、イスラム教がシルクロードの支配的宗教になると、リンガ・フランカはペルシア語になった。8世紀から9世紀にかけて、吐蕃が中央アジアの東部を征服したのにともない、しばらくはチベット語もリンガ・フランカの役割を果たした。そしてロシアが中央アジアとコーカサスの植民地化を始めた19世紀以降、その大部分の地域でロシア語がリンガ・フランカとなっている。

さまざまな言語を話す大勢の人々が頻繁に旅をし、四六時中交流をしていたため、言語要素の交換が行われる条件としては完璧だった。つまり、言語そのものが絶え間なく変化していたということだ。今日、ユーラシアで話されている言語の中に、いわゆる外来語──翻訳せず、ほかの言語に組み込まれている単語──をいくつも識別することができる。

シルクロードの卓越した語学教師、翻訳者といえば仏教僧で、彼らはインドの仏教聖典を地元の言語に翻訳し、潜在的改宗者に仏教の教えを伝えることに尽力した。その中で最も成功した翻訳者のひとり

［左］クチャの僧侶、鳩摩羅什は『金剛般若経』をサンスクリット語から中国語へ翻訳した。これはオーレル・スタインが発見した敦煌写本の中にあった中国語版の写し。大英図書館によると、「完全な形で現存する出版年が明示された最古の印刷書」。

［次ページ］中国領トルキスタンの敦煌仏教石窟にあるフレスコ壁画の細部。

知恵や知識の交換

が、オアシス都市クチャ出身の僧侶、鳩摩羅什（クマーラジーバ）だ。5世紀の初め、中国の長安で翻訳局の長を務めていた鳩摩羅什ら、翻訳僧たちは、特定の漢字とその音を用いて外国語の単語の各音節を表現するシステムを開発した。今日の英語教育でフォニックスを用いるのと似ている。現在も使われているこの慣習によって推定3万5000語の外来語が加わり、中国語そのものを変えていった。

❖ 音楽

ほぼすべての人類文化において、音楽は不可欠な要素となっている。したがって、シルクロードを通じて音楽様式や楽器が活発に交換されていたことは驚くに値しない。時代とともに痕跡を追うのは楽器のほうが物理的な対象として容易であり、インドから中国に伝わったシンバル、メソポタミアに起源を持つ竪琴、ヨーロッパへ伝わった中国の銅鑼など、シルクロードを通じて広がった楽器の例は数多く存在する。オーボエやフルートの原型も中国か中央アジアのいずれかに起源を持ち、シルクロードを通じてヨーロッパに広がったと考えられており、弓を使って弦楽器を奏でたのはステップの遊牧民が最初だったのではないかという意見もある。

旅人が集い交わるバザール、キャラバン・サライ、酒場、茶店がそうであったように、シルクロードにおける音楽文化の伝播において、宗教は重要な役割を果たした。イスラム教スーフィー派にとって、音楽、歌、詠唱、聖なる踊りは祈りの要素だったが、彼らは移動性が高く、イスラム世界をさまよいながら、耳を傾けに集まってきた聴衆にその言葉を広めた。同様に、旅する仏教僧もユーラシアのある地域から別の地域へと、さまざまな形式の詠歌を伝えた。笙（中国のリードパイプ・マウスオルガン）の伝播を担ったのもおそらく仏教僧だろう。中国南部で生まれ、紀元前5世紀には中国の管弦楽に組み込まれていたと考えられる笙は、中国では仏教儀式の音楽と結びつくようになり、朝鮮と日本、中央アジアのオアシス都市の仏教寺院へと伝播していった。

音楽家がシルクロードを旅するのにともない、音楽様式や音楽作品も各地に伝わった。インドに由来することが多い音楽劇——神々の生活や民間伝承、あるいは単なる日常生活を描いたもの——は、旅をしながら少しずつ進化していくのが常だった。観客にとってよりふさわしい内容にするべくその土地の要素を取り入れていったからこそ、音楽劇は好評を博したのだろう。また、今日の私たちも目にしていることだが、音楽のスタイルは時とともに変化し、人気に浮き沈みがあった。唐代には、オアシス都市

クチャ［中国では亀茲とも表記］の音楽、亀茲楽が中国でとくに人気となり、クチャの音楽家や舞踏家、タリム盆地の話は中国の詩人たちに賛美された。唐の宮廷音楽は亀茲琵琶（リュート）の調律に合わせて演奏され、貴族の中には亀茲の太鼓の演奏に熟達している者も大勢いた。玄宗皇帝は宮廷内に約3万人の楽人や舞人を抱えており、彼らの多くは亀茲楽を演奏していた。この音楽様式は中国から日本にも伝わり、その影響は今日でも日本の宮廷音楽、雅楽で耳にすることができる。

❖ 医学

医学の知識もまた、薬とともに、シルクロードの両方向に伝わった。仏教僧は、中国やアラブの著名な人物が記した医学書、ならびにチベット語で書かれた著者不明の伝染病の治療法集を書き写し、多数の言語に翻訳した。敦煌の蔵経洞で発掘された写本には、『陵陽禁方』という本の一部と、「十種死病」と題された文献、「馬のたてがみの油を定期的に塗り込めば、髪が自然と生えてくる」と、はげの治療について触れた文献などが含まれていた。唐代には中国の学者と医師がイスラム世界やインドから医療情報を吸収し、医学の研究が大きく花開いた。また、アラビア人の薬局が中国に開設された。

ほぼ同じころ、バグダードの「知恵の館」はアラブ世界の偉大な学問の中心となりつつあった。アッバース朝のカリフ、ハールーン・アッラシードとその息子マームーンによって8世紀から9世紀にかけて設立された知恵の館は、津々浦々から学者を引き

［上］13世紀の図版写本『バヤードとリヤードの物語 Hadith Bayad wa Riyad』の挿絵。アラビア弦楽器ウードで音楽が演奏される様子が描かれている。

［右ページ］初期の中国の楽器（左から）——胡琴（弓で弾くネックの長い4弦楽器）、笙（リードパイプ・マウスオルガン）、三弦（ネックの長い3弦のリュート）、琵琶（ネックの短い4弦のリュート）。

知恵や知識の交換

197

寄せ、彼らの多くはギリシア語、ペルシア語、サンスクリット語の文献をアラビア語へ翻訳することに専念していた。とりわけ医学知識への渇望が大きかった学者たちは、ヒポクラテス、ガレノス、ディオスコリデスの著作に夢中で取り組み、見出したことをまとめて要約し、一貫性のある医療制度を作り出した。やがて、イスラムの医学は世界で最も高度なものとなった。

バグダードは世界初の製紙工場がある場所でもあったため、アラブ人は研究結果の出版に着手することができた。その中で最も影響力が大きかった書籍は『医学典範 Canon of Medicine』で、これは医師が癌などの病気を診断するのに役立った。医学者であり哲学者でもあったイブン・シーナ（ラテン名、アヴィセンナ）が11世紀初頭に記したこの著作は、史上最も有名な医学書のひとつとなり、17世紀までヨーロッパで用いられた。

［左］上質皮紙に記されたイブン・シーナ（アヴィセンナ）の『医学典範 Canon of Medicine』からの1ページ。1025年に完成した5巻からなる著作は、6世紀にわたり、ヨーロッパの標準的な教科書だった。

❖ 料理

ある種の料理、たとえば麺、団子（ダンプリング）、ケバブなどは、シルクロードの至るところで目にするが、これは古代ユーラシアの文明間で料理の情報が共有されていたことの証しだ。見たこともないスパイス、果物、野菜、穀物など、新しい食材が届くと、地元の料理に組み込まれ、シェフは多くの場合、その食材をもたらした交易商人や使節団から伝えられた知識を用い、調理法を考え出した。

ほかの知恵や知識のやり取りと同様、料理情報の伝播も帝国の領土征服がもたらす結果である場合があった。16世紀にイスラム教徒のムガル帝国が台頭すると、インド北部にペルシア料理が伝わったが、インド南西部には、400年間ゴアを植民地支配したポルトガル人の影響が色濃く出た料理が存在する。

麺の起源は盛んに議論されているが、麺が陸のシルクロードを通じて広がったことは明らかであり、今ではほぼすべての国の料理の一部となっている。中国では2002年の考古学調査により、キビとアワで作られた4000年前の麺が茶碗に入った状態で発掘された。麺の遺物としては最古の例だ。しかし、小麦をベースとする麺が中華料理の重要な要素となるのは、漢代以降、新たに開通したシルクロードを通じて、大量に小麦が挽ける製粉所の建設技術がもたらされてからのことだ。漢代末期には、中国の料理人が生地を振って細い紐状に分けていく手延べの技法を開発しており、この技法は今も使われている。中国で栽培された小麦は、現在パスタとして知られている麺を作るのには適していなかった。おそらくアラブ人が9世紀にパスタ作りに欠かせない硬質のデュラム小麦とともに、イタリアへ麺を伝えたのだろう。

世界中どこででも目にするもうひとつの料理、ダンプリングは複数の起源を持っていた可能性がある。中国の餃子の起源は漢代にさかのぼると考えられているが、最初のダンプリングのレシピとして知られているのは、西暦1世紀に編集されたと推定される古代ローマのレシピ集、『アピキウス Apicius』に載っていたものだろう。テュルク語系の諸民族がこの料理を受け入れ、それがモンゴル人とともに、ユーラシア全体に広まったのではないかと述べる研

［上］さまざまなタイプの生地を丸め、延ばして作る麺は、漢代の人々の主食となり、今も多くの文化で人気がある。

［下］船からスパイスの荷下ろしをする交易商人を描いた15世紀の挿絵。

知恵や知識の交換

究者もいる。

❖ 宗教

シルクロードが開通に至るまでの数世紀にわたり、ユーラシアの民族はさまざまな宗教を信じてきた。西端では、多くの人々がギリシア・ローマの神や女神、エジプトの神々を崇拝し、ペルシアを起源とする信仰、ミトラス教を信じる人たちもいた。ユダヤ商人などの移民は、イスラエルとユダヤの古代王国の外へユダヤ教を広めた。中国では、支配階級のあいだで祖先崇拝がよく見られ、農民はたいがいアニミズム信仰やシャーマン信仰を持ち、これらすべてが道教の原理と混ざり合っていた。

やがて新しい宗教が発達し、その多くが発達しつつあった交易路を通じて広がった。さまざまな信仰を持つ巡礼者や宣教師が頻繁にシルクロードを旅し、安全のため、交易キャラバンと行動をともにすることが多かった。旅商人も宗教の伝播を担い、中でもソグド人は、シルクロードを行き来する主な信仰——ゾロアスター教、マニ教、仏教、キリスト教、イスラム教——すべてを中央アジア全域に広めるうえで貢献した。そしてキャラバン・サライの多くは、旅人が故郷から遠く離れた場所でも宗教的義務を果たせるよう、モスクや礼拝堂を備えていたため、宗教など、知識や知恵を共有する拠点としての役割を果たした。

これらの宗教は広がるにつれ、そこで出会った新しい文化のニーズに応えるべく、少しずつ形を変えていくことが多かった。アレクサンドロス大王が中央アジアに残したヘレニズムの遺産は、古代ギリシアと東洋の哲学の融合をもたらし、ギリシア風仏教（グレコ・ブッディズム）のような混交主義を生み出した。中国に到達した仏教は、祖先崇拝と儒教の教義に適応しなければならず、一方、中国のキリスト教は、新しい文脈の中で理屈が通るようにするため、道教や仏教の用語を取り入れなければならなかった。

シルクロードを通じた宗教の伝播は必ずしも平和的に進んだわけではない。イスラム教徒が中央アジアの大部分を征服したことが、この地域でイスラム教が優位になる大きな要因となった。イスラムの軍隊は、征服した土地の富を略奪することに余念がなく、裕福な寺社をターゲットにした。1193年、トルコ系の指導者バーフティヤール・ハルジーが率いるイスラム勢力がナーランダー（現在のインド北部、ビハール州パトナ市の近く）の国際的な仏教大学を破壊し、仏教はその発祥の地で、事実上、終止符が打たれた。

❖ ゾロアスター教

世界最古の一神教に数えられるゾロアスター教は、紀元前10世紀（ことによるとそれ以前）に予言的改革者ゾロアスター（ザラスシュトラとも呼ばれる）によって現在のイランで創始された。イスラム教が出現する前は、ゾロアスター教がイラン系民族の主流をなす宗教的伝統となり、1000年のあいだ、世界で最も有力な宗教のひとつとなった。

ゾロアスター教は善と悪——宇宙的な善悪（神と悪魔、天国と地獄）と個人的な善悪（正義か悪か）の両方——の争いを軸とする二元論的信仰だ。ゾロアスター教徒は、宇宙を創造し、天国に住む哀れみ深い唯一神、アフラ・マズダ（「賢明な主」）を信じていた。アフラ・マズダには、あらゆる邪悪なものの創造者で、地獄に住むアングラ・マインユ（「破壊霊」）という敵がいる。キリスト教の伝統と同様、人は死ぬと、自らの行いによって天国へ行くか地獄へ行くか

［左］座っている仏陀と祈りを捧げる女性を描いたガンダーラ（現在のパキスタン北部）の浮き彫りフリーズの細部。ギリシア風仏教というユニークな文化融合の特徴がよく現れている。

［右ページ］イランのケルマーンにあるゾロアスター教拝火神殿の礼拝堂。中央の壺で聖なる火、アタルが燃えている。

が決まる。ゾロアスター教の中心にある二元論は、ユダヤ教の神学理論、ひいてはキリスト教教義の構築に影響を及ぼしたと考えられている。

火は神として崇拝されることはないものの、ゾロアスター教における重要な要素であり、浄化をもたらすものの象徴、神の光、すなわち知恵のシンボルとなっている。ゾロアスター教徒は聖火の殿堂、拝火神殿で集団礼拝を行う。

ゾロアスター教はペルシアへ伝播した後、やがてシルクロードとなる交易路を通じて中央アジアと東アジアへ進出し、ソグド人によって広められた可能性が高い。そして早くも紀元前6世紀には中国に到達したと考えられている。紀元前600年ごろにはペルシアの国教となり、その地位は西暦650年ごろまで保持された。

紀元前549年にアケメネス朝ペルシア帝国が成立したときにはもう、ゾロアスター教は定着していた。帝国の歴代の王は敬虔なゾロアスター教徒だったが、ほかの宗教にも寛容だった。2世紀後にアレクサンドロス大王がペルシアを征服した際、その軍勢はゾロアスター教徒を迫害し、祭司は殺され、経典は破棄され、ゾロアスター教はほとんど、ギリシアの信仰に取って代わられた。アレクサンドロスの死後、ペルシアを支配したセレウコス朝、パルティア朝、ササン朝はより寛容な姿勢を取り、ゾロアスター教会は力を強めると同時に、富を増やしていった。ササン朝の支配のもと、教会と国家はゾロアスター教以外の宗教に寛容ではなくなり、ゾロアスター教徒が別の宗教に改宗することは死に値する罪となった。

7世紀にイスラム教徒のアラブ人がペルシアへ侵入すると、ゾロアスター教徒は再び迫害を受けることになった。引き続き自分たちの宗教を実践することは許されたが、イスラム教へ改宗するよう大きな圧力を受けた。750年にアッバース朝がウマイヤ朝を倒すと、非イスラム教徒の状況は著しく厳しくなり、多くのゾロアスター教徒が改宗もしくは移住を余儀なくされた。その後、トルコ人とモンゴル人の侵攻はさらなる迫害をもたらした。

ゾロアスター教は今もイランの隔絶された地域やインドの一部地域で信仰され、インドでは、信者が主に、パールシーとして知られるイランからの移民の子孫であることから、パールシー教とも呼ばれている。ゾロアスター教の信徒数は世界中で19万人に満たないと推定される。

❖ 仏教

紀元前6世紀から紀元前4世紀のあいだにインドで生まれた仏教は、主として、仏陀として知られる宗教思想家が説いたとされる最初の教えにもとづいている。中心となるメッセージは、現世の人生は、誕生、苦しみ、死、再生の輪廻であるということ。信者は、信仰と修行によってこの輪廻を断ち切ることができると教えられ、修行の具体的な内容は信仰する宗派によって異なる。

仏教は最初の大規模な伝道宗教であり、シルクロードがもたらす移動性を巧みに利用した最初の宗教だった。伝道師と交易商人たちは、仏教誕生の地であるインド北東部から各地へ広がっていき、交易路に沿って寺院や聖堂や僧院を建てた。これらの建物の多くでは、通りかかった旅人がお布施をすると、返礼として、そこにひと晩、あるいはそれ以

［上］イラン、ヤズドの拝火神殿に立つゾロアスター教の「賢明な主」、アフラ・マズダの色鮮やかな彫像。

［右ページ］仏教の守護神、毘沙門天を描いた唐代後期の絵画。シルクロード北路の都市トゥルファンの西に位置するクチャの寺院のものと言われている。この地域ならではの中国と中央アジアの伝統が融合した典型例。

上、泊まることができた。これが僧侶や修道僧たちに伝道の機会を与え、信仰の急速な広まりを促した。それを後押ししたのが人々に広くアピールする仏教のメッセージであり、その普遍性によって、メッセージは文化の壁を簡単に越えることができた。

シルクロードのほかの宗教と同様、仏教の伝播と生き残りにおいても、交易は中心的役割を果たした。多くの場合、仏教の僧侶や尼僧は交易キャラバンと行動をともにしていた。仏教僧は世俗的な所有物をすべて手放すことを義務づけられたため、一般社会に頼って最低限必要なものを施してもらっていた。僧院は物質的な布施(寄付)によって運営を維持し、布施を行った人たちはその見返りに功徳を得る。その話が他者と共有され、ことによると宗教的教育になったのかもしれない。初期のころの寄付者で、最も重要な保護者(パトロン)となった人たちの中にキャラバン商人や裕福な銀行家がいた。この取り合わせはシルクロードの多くの芸術制作を支えた。パトロンからの寄付は、聖堂、仏塔、彫像の建築や、洞窟などに仏陀の生涯を伝える絵を描くための資金調達を助け、その結果、人々に礼拝の機会を提供することになり、寄付は特別な価値を生み出した。

仏教徒には7つの力――信仰心、忍耐力、羞恥心、悪行の回避、正念[邪念を離れ、真理に至ろうとする心を保つこと]、集中力、知恵――を象徴する「七宝」、すなわち金、銀、瑠璃、水晶(または珊瑚)、瑪瑙、赤珠、紅玉髄への需要があり、これも交易の活性化を促した。少量でも価値は高いこれらの物質は長距離交易には理想的な商品だった。仏教に関連した儀式的価値を有したことが、商品の経済的価値を大いに高めていたのだろう。

仏教は西暦1世紀の中ごろ、中国に到達し、支配層エリートが改宗したこと、官民入り混じって寺院や僧院の建設を支援したことが追い風となり、急速に広まった。中国の当時の首都、洛陽に基盤ができると間もなく、タリム盆地周辺のシルクロードのオアシス集落に仏教僧院が現れ始めた。こうした僧院の僧侶たちは、通りかかった旅人に説教を行うのに加え、主として、サンスクリット語で書かれた仏教の聖典をその土地の言語に翻訳することに携わっていた。4世紀からは、仏教経典の原典を調べるため、今度は中国の巡礼僧がインドの仏教発祥の地を目指し、長い旅に出るようになった。

5世紀には仏教が中国の支配宗教となり、その地

[左]河西回廊の東端、現在の蘭州近くの黄河沿いに建つ高さ27mの弥勒仏は、中国へ仏教が伝来した証である。

知恵や知識の交換

法顕

5世紀の初頭、60歳を越していた中国の仏僧、法顕は、仏教の聖典を手に入れることを願い、中国から歩いてインドへ赴いた。その過程で、現在のパキスタン、インド、ネパール、バングラデシュ、スリランカ、中国に数多く存在する仏跡を訪れた。インドで10年間勉強した後、法顕は海のシルクロード経由で帰国の途に就いたが、暴風雨で2回針路からはずれ、現在のインドネシアで5か月を費やした。法顕の旅は合わせて15年に及んだ。

その後、法顕は自身の旅をまとめた『仏国記』を記し、初期の仏教や、歴訪したシルクロードの国々の地理と歴史について言及した。そしてインドから持ち帰った多くの経典をサンスクリット語から中国語へ翻訳することに残りの人生を捧げた。

「砂漠には悪霊や熱風が現れ、
これに遭遇すれば、皆、死に至る。
砂漠の上を飛ぶ鳥はなく、
下を歩く動物もいない。
見渡せる限り、渡る道を探しても、
選ぶべき道はひとつもない。
ただ死者の乾いた骨が道しるべとなるだけだ」
——法顕が記した中央アジアの砂漠を渡る際の描写

[右] 中国の仏僧、法顕（337–422年）。これは405年から410年のあいだに数か月間を過ごしたスリランカのパヒヤンガラ洞窟にいる法顕。

位は9世紀半ばまで続いたが、道教を信仰していた武宗皇帝は、免税を受けていることを理由に、仏教は中国経済に損失をもたらしていると考え、仏教の僧侶・尼僧に富を国家に差し出させ、さもなければ、還俗を強いる詔を発した。迫害はその後の数年間にわたって拡大し、仏教寺院は没収・破壊され、25万人以上の僧侶・尼僧が還俗させられた。仏教が重要であることに変わりはなかったが、国の支援を受けた宗教というより、個人が信仰する宗教として重要な存在となった。

7世紀ごろ、中央アジアでイスラム教が台頭すると、シルクロードを通じた仏教の伝播は事実上、終わりを迎えた。現在、仏教は5億2000万人以上の信者を擁する世界第4位の宗教となっており、信者は主にシルクロードの東端、東南アジア、中国、日本、韓国で暮らしている。

❖ キリスト教

キリスト教は、西暦0年ごろから32年ごろまで生存したと信じられている預言者イエスの人生と教えに

玄奘

インドへの驚くべき巡礼と、持ち帰った仏典の翻訳で有名な仏僧、玄奘は602年、現在の中国河南省で、学者の家庭に生まれた。儒教の古典を学んだ後、兄を通じて仏教に興味を持つようになり、622年に具足戒を受けて僧侶となった。

中国語版の仏典には矛盾点や欠落があるとわかり、玄奘はインドへ赴き、欠けている文書を見つける決心をした。しかし、旅の許可を得られなかったため、629年、秘かに長安を出発し、河西回廊を進んで、タクラマカン砂漠の北を回るシルクロードの北路をたどった。インドに到着すると、仏陀の生涯にゆかりのある聖地をすべて訪れたが、ほとんどの時間は、ナーランダーの僧院でサンスクリット語と仏教哲学の研究に費やしていた。玄奘は643年に帰途に就き、520夾、657部の経典を持ち帰った。

2年後に長安へ戻ると、皇帝から大臣の地位を提供されたが、玄奘はそれよりも、インドから持ち帰った経典の翻訳に専念することを選んだ。ごく一部の経典しか翻訳できなかったものの、その中には最も重要な経典がいくつか含まれていた。また、玄奘は新しい宗派を創設したほか、巡礼で訪れた国々の記録『大唐西域記』を記した。

[右]玄奘(602–664年ごろ)はシルクロードの陸路で16年にわたる旅をしたことで有名な中国の僧侶。この肖像画はインドへ赴く途中の玄奘を描いたもの。

知恵や知識の交換

もとづくアブラハムの一神教だ。情け深い、世界の創造者たる神の子と称されるイエスの中心的教えは、良い生活を送るために彼の規則に従うなら、人々は地獄ではなく天国で永遠の時を過ごす、というものだった。イエスの磔刑による死は、この世の罪に対する贖いだったと言われている。

キリスト教は西暦1世紀に、現存するユダヤ人社会と使徒集団の布教活動を介して、現在のイスラエルとパレスチナに当たる故国から外へ出ていった。3世紀の半ばごろ、ペルシアがローマの東部領土への侵攻に成功した結果として、ギリシア語とシリア語を話すキリスト教徒の移住が起こり、それがキリスト教の東漸を促進させた。4世紀の終わりには、キリスト教がローマ帝国の国教会となっていた。

キリスト教教会は宗教教義を巡って5世紀に分裂し、西方の教派と東方の教派に分かれた。主にペルシアを拠点とした東方教会は、シリアの主教、ネストリウスが務めたコンスタンティノープル総主教という地位と同一視された。そのため、シルクロード沿いに住むキリスト教徒は多くの場合、ネストリウス派と呼ばれている。しかし、シルクロードに存在したキリスト教徒は東方教会の信徒だけではなく、アルメニア教会、グルジア教会、ヤコブ教会などの信徒も確認されている。

東方教会はペルシアから東へ広がり、ソグディアナに到達した。多くのソグド人はキリスト教に改宗し、ほかの宗教の場合と同様、シルクロードを通じたキリスト教の伝播において重要な役割を果たした。ソグド商人はたいがい多言語を話すことができ、ネストリア派の経典の有能な翻訳者として活躍した。650年には、ソグディアナの首都サマルカンドと、さらに東のカシュガルに主教区ができていた。

キリスト教は600年ごろ、中国に到達したと考えられ、そのころにはもうシルクロード沿いの都市にネストリウス派の教会がいくつも存在していた。635年、シリアの伝道師、アラホン（阿羅本）率いるネストリウス派の一団が中国に到着した。この出来事については、781年に長安に建立された石碑に記されている。唐代初期の支配者は宗教の多様性を促進し、ネストリウス派を歓迎した。太宗皇帝はアラホンが長安に僧院を建てることを許可し、キリスト教の経典を中国語に翻訳するよう依頼した。皇帝の引き立ては教会の繁栄を助けたが、845年、道教を信仰する武宗皇帝がすべての外来宗教を禁断すると命じ、ネストリウス派は衰退に追い込まれ、10世紀までに、中国のネストリウス派の数はほぼゼロの状態になった。シルクロードのほかの地域では、7世紀にイスラム教が台頭し、キリスト教の発展が抑制されたが、ふたつの宗教はおおむね共存することができた。

シルクロード自体がそうであったように、大半の宗教に極めて寛容だったモンゴル人の支配のもと、キリスト教は中国で復活を遂げた。多くの遊牧民は、7世紀ごろからステップの遊牧民に布教活動をしていたネストリウス派の宣教師——多くの場合、ソグド人——によって改宗させられており、実

［左ページ］現在のトルコに位置する、廃墟と化したアルメニア王国の中世の街、アニの歴史的教会。

［下］中国へ到着したキリスト教の伝道師として初めて記録されたアラホンは、唐代の635年にシリアからやってきた。

知恵や知識の交換

際、モンゴル系のいくつかの部族はキリスト教徒だった。しかしキリスト教は明代に再び禁断された。それから数世紀、さまざまな支配者によって容認と抑圧が交互に繰り返される中、キリスト教（主にカトリック）の宣教師がたびたび大挙してやってきた。現在キリスト教は、世界人口のおよそ3分の1に当たる24億人以上の信者を擁し、世界最大の宗教となっている。

❖ マニ教

3世紀にペルシアの預言者マニが創始したマニ教は、ゾロアスター教、キリスト教、ヒンドゥー教、仏教など、当時あったほかの信仰の要素を包含していた。マニ教では善と悪、光と闇の争いに重点を置き、その教えに深く打ち込んだ者には救いが訪れる。教団は当初から積極的に伝道活動を行い、マニ教は地元の文化的条件に適応することによって、シルクロードを迅速に伝播し、最終的に西はヨーロッパ、東は中国にまで到達することができた。当時のほかの多くの文化交流と同様、ソグド商人は中国人とステップの遊牧民の両方に信仰を伝えるうえで中心的な役割を果たした。

マニ教はエジプトを経て、4世紀の初頭には早くもローマに到達し、ガリア南部とスペインに教会が設立された。しかし、西ヨーロッパではキリスト教会とローマ帝国の双方からしつこく攻撃され、5世紀の終わりには事実上一掃されていた。

唐の軍隊が7世紀にシルクロードのキャラバン・ルートを再開すると、マニ教は東に広がり、7世紀の終わりにかけて中国に定着していった。しかし仏教徒の官吏と考え方が衝突するようになり、732年、唐の皇帝は中国人にマニ教を説くことを禁じる詔を発したが、外国人の信仰は引き続き許された。

その後間もなく、中央アジア、回鶻（ウイグル可汗国）の統治者が中国の都市、洛陽で唐軍の反乱鎮圧を助け、その際、洛陽に居住していたソグド人のマニ教徒と交流を持つようになり、やがてマニ教は回鶻の国教となった。その状態は、840年に回鶻が崩壊するまで続いた。3年後、中国はマニ教を禁じたが、いずれの地域でも13世紀か14世紀まで信仰は続いた。

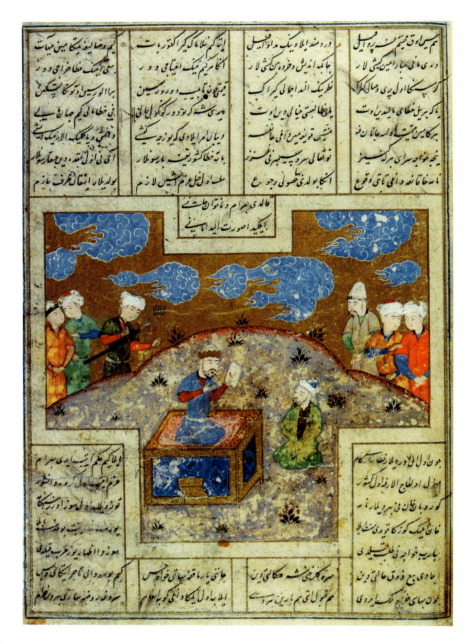

［上］ウズベキスタンの16世紀の細密画。バハラーム・グール王に絵を進呈するマニ教の預言者マニが中央に描かれている。

❖ イスラム教

アブラハムの一神教であるイスラム教は、その預言者ムハンマドによって形成された。570年ごろメッカ（現在のサウジアラビア）で生まれ、裕福な商人だったムハンマドは40歳のとき、アッラー（神）から一連の啓示を受けた。それをまとめたものがイスラムの聖典コーランであり、イスラム教徒はコーランを神の言葉と見なしている。基本的にイスラムの教えとは、万有の創造主である慈悲深き唯一の神を信じること、人間の行動には、信仰、思いやり、倫理観、説明責任が必要であるということ、そして、神がほかの社会に預言者と啓示を送っているとの認識を持つことである。

ムハンマドは、当局から迫害を受けたにもかかわらず、最初は説教によって、その後は政治的・軍事

的手段によってより大規模なコミュニティを作り、生涯のあいだにかなり大きな支持者層を築き上げた。632年に没したときには、事実上アラブの部族は統一されていた。後継者問題が生じた結果、分裂と内紛の期間が続いたが、イスラムの指導者たちは最終的に、一連のカリフ国家を形成し、征服によるイスラム勢力拡大に着手した。その中でカリフたちは大きな成功を収め、イスラム教はおそらく人類史上、最も迅速かつ広範囲に伝播した宗教となった。時とともに、イスラム教はシルクロードのほかの信仰の大半に取って代わり、今では古いシルクロードが通っていたほとんどの国で支配的宗教となるに至っている。

当初、イスラム教徒による近隣地域への支配拡大は征服を通じて行われたが、支配下に置いた人々の改宗については、布教は強制ではなくイスラムの真実性を例示することによってなされるべきというコーランの戒めのおかげで平和的に行われる傾向にあった。布教は主にイスラム教の学者、伝道師(とくにスーフィー)、交易商人、支配者、敬虔な信者の働きによってもたらされた。しかし、イスラム教国の政府による課税の引き上げ措置や、奴隷の所有を制限する法律などによって、非イスラム教徒は困難な生活を強いられることがあり、結局それが改宗へとつながった。多くの場合、非イスラム教徒は官職に就くことが禁じられており、これも改宗への強い動機となった。かつて経済的、社会的、政治的特権を有する地位にあった人々にとってはなおさらであり、イスラム教徒になれば、彼らは再び支配集団に加わることができたのだ。

8世紀半ばには、イスラム教徒がシルクロードの西半分を支配しており、交易はイスラム教の普及にますます重要な役割を果たすようになった。と同時に、イスラム教は信徒の交易商人が成功するうえでも、重要な役割を果たしていた。ムスリム商人はイスラム世界で優遇された立場にあり、陸と海の交易ネットワークを支配することで両者の協力が可能となり、非イスラム教徒はその犠牲となった。イスラム国家の役人もイスラムの法律も、ムスリム商人に有利に働いた。メッカ巡礼をする多くのイスラム教徒は少量の商品を携帯し、それを途中で売って巡礼の資金にしていた。

ムスリム商人は旅をしながら布教者の役割を果たし、東南アジアやアフリカではとくにその傾向が強かった。というのも、インド洋沿岸の港湾都市にアラブ人の交易コミュニティができ、そこにモスクが設立されたからだ。シルクロード陸路のキャラバン・サライには、たいがいモスクが造られていた。

中国では、ムスリム商人が恒久的居住地を形成していた。移住者には中国人の妻をめとることが許されていたが、その女性たちが帰国する夫についていくことは禁じられていた。イスラム法では、イスラム教徒の父親を持つ子どもはイスラム教徒として育てられなければならない。結果として、中国の多くの交易都市に中国系ムスリムの少数民族社会が形成された。今もこれらの都市には歴然とそのような少数民族が存在する。現在、イスラム教徒の数は18億人以上、すなわち世界人口のおよそ4分の1がイスラム教の信者であり、世界の50か国で人口の大部分をイスラム教徒が占めている。

[左上]ヤヒヤ・イブン・マフムード・アル・ワシティは13世紀のアラブ人イスラム教徒の芸術家。イラク南部のワーシトで生まれたアル・ワシティは、アル・ハリーリのマカーマート[説話形式のアラブの散文文学]の挿絵で有名だった。

[左下]8世紀半ばから13世紀半ばにかけて、イスラムの学者は科学、工学、技術、哲学、芸術において数々の進歩を遂げた。ここでは、コンスタンティノープルの展望台で緯度の研究をするトルコと中東の天文学者が描かれている。

知恵や知識の交換

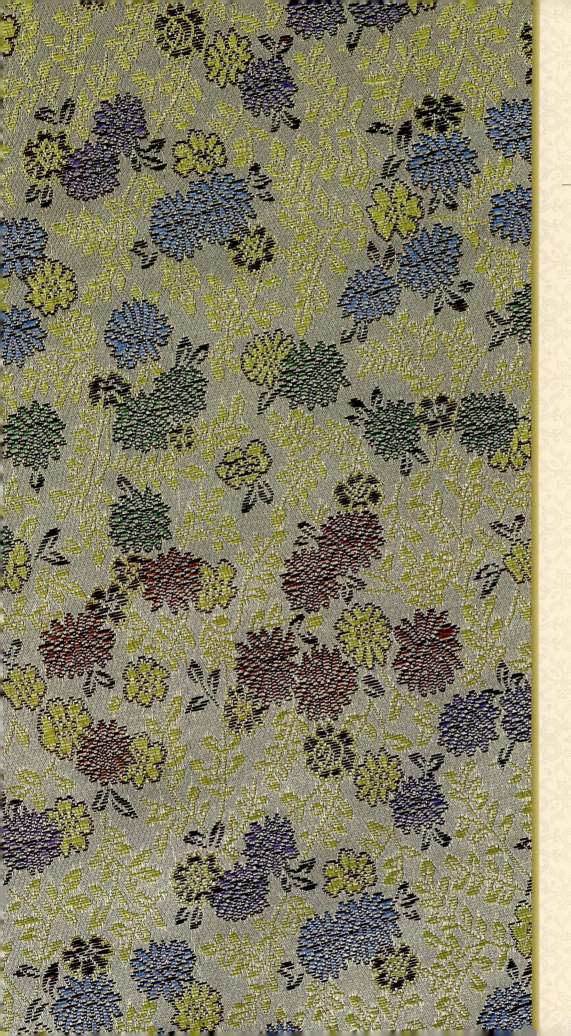

9 シルクロードの生態学

シルクロードの生態学

シルクロードは、無数の動物、植物、病気が移動していく通路だった。新石器時代以降、農業社会と牧畜を行う遊牧民の交流により、新たに飼いならされ、栽培品種化された動植物が、後にシルクロードとなる道を通じて東西に広がった。交易の発達とともに、こうした交流は速度を増し、最終的に今のユーラシアの農業パターンを──そして海のシルクロードのおかげで、アフリカの農業パターンもかなりの程度まで──形成した。シルクロードを通じた移動は病気の拡大にも拍車をかけ、中央アジアやその先の地域で、帝国や王朝の盛衰に大きな影響を与えることになった。

❖ 動物

シルクロードは人間の交易によって成立したが、その稼働を維持したのは動物だった。商品を運ぶラクダや馬やロバや牛がいなかったら、また、交易路沿いに住み、その運営を維持する人々に食べ物や着る物を提供してくれる家畜がいなかったら、シルクロードはあれほど繁栄しなかっただろう。本来のシルクロード（絹の道）を通じた最初の取引を促したのは、フェルガナ盆地の伝説の馬、「汗血馬」を手に入れたいという願望であり、中国の絹と中央アジアの馬との交換がシルクロードの経済を支えていた。

交易の重要性に疑いの余地はなく、とりわけ中央アジアの乾燥地帯では、オアシスの前哨地を維持するうえで交易は重要だったが、それでも地域全体の主流をなす経済活動の形態といえば、遊牧民の牧畜だった。遊牧民の経済的・社会的生活は家畜を中心に展開し、家畜は肉や乳製品という形で食料となったほか、衣類や、キルト、枕、マットレスといった家庭用品を作る材料となる羊毛や革など、生活に必要となる基本的なものを幅広く提供した。

遊牧民の生活と定住民の生活は、互いに依存している部分が大きかった。遊牧民は、穀物や茶、衣服、磁器、武器、馬具といった製造品など、自分た

［上］莫高窟で発見された10世紀の壁画。動物の助けを借りて畑仕事をする農民が描かれている。

［左］草をはむ馬の横で言葉を交わすトルクメンの遊牧民を描いた15世紀の絵。中央アジアの馬は、中国で見られる馬よりもはるかに大柄で、絹と馬の交換は、より広範囲なユーラシア交易の基盤となった。

ちでは作れない物を定住民に頼っていた。そして、交易、朝貢、オアシスの集落や交易キャラバンへの襲撃など、さまざまな手段を組み合わせてこれらの物を獲得していた。一方、オアシスのコミュニティで行う牧畜には限りがあったため、定住民たちは、馬、食肉、ミルク、皮革、羊毛など、動物や動物製品を遊牧民に頼り、組織化されたオアシスのバザールでそれらのものを手に入れることが多かった。遊牧民は、国境の前哨地で中国人が開催する特別な見本市で家畜——主に牛と馬——の交易も行っていた。

シルクロードは陸路、海路ともに、また、それ以前に使われていた道も、多くの家畜が原産地から伝播していくルートとなっていた。とりわけ海のシルクロードは、インド洋周辺に多くの家畜や害獣が広まる中心的手段となり、たとえば、コブウシ、ニワトリ、ネズミ、ハツカネズミをアフリカへもたらすことになった。

❖ 馬

ラクダとともに、馬はシルクロードの発達と継続的成功の大きな要素だった。馬は輸送、情報伝達、交易、戦争において重要な役割を果たし、貴重な輸出商品となっていた。実際、ステップ産の馬と中国産の絹の交換はシルクロードを通じた交易のかなりの部分を占め、19世紀の半ばまで続いた。

馬が家畜化された時期は不明だが、そのプロセスは紀元前3500年ごろ、ユーラシアのステップで始まったと考えられている。家畜馬は紀元前3千年紀の終わりまでに、西はメソポタミアの低地、東は中国まで広まった。

紀元前9世紀ごろから始まった乗馬は、定住農業からステップでの遊牧生活へと転換する推進力となった。馬術、その中でも騎射術が発達したことは、やがて戦争の際、ステップの人々にとって決定的な強みとなった。確かに、馬を基本とする戦いへの移行は、中央アジアの歴史における重要なターニ

［上］もともとインドで家畜化されたコブウシは、数百年のあいだに、海のシルクロード経由でアフリカに輸入された。コブウシには、このタンザニア、ザンジバル島のボラン牛など、少なくとも75の品種がある。

シルクロードの生態学

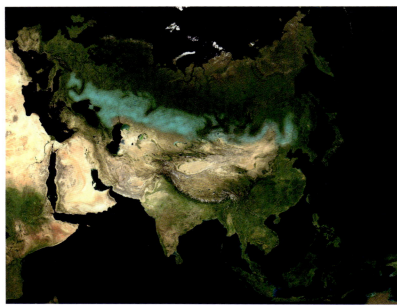

ングポイントとなった。

　中国人は紀元前300年ごろまで馬にそれほど気をとめておらず、馬はもっぱら基本的な輸送や農耕に利用されていた。しかし、隣国の遊牧民が騎兵隊を中心とする軍隊を組織し始めたため、騎兵戦のすべを身に着けざるを得なくなった。最初こそ軍事的成功を収めたものの、本当に望ましい成果を出すにはもっと大きな馬が必要であることがすぐに明らかとなった。

　西域のフェルガナ盆地に「天馬」がいると聞き、漢の武帝はその優れた馬で軍を強化しようと決心する。紀元前102年、李広利将軍が大宛の支配者を討って良馬を1000頭持ち帰り、皇帝の目的は達せられた。新たに強化された軍によって、武帝は遊牧民の匈奴から西域の支配権を奪い、数々の王国を漢の属国とすることができた。それらの国は数千頭の馬を進呈するという形で重い朝貢を強いられ、毎年、さらに多くの乗用馬を送ることを余儀なくされた。中国はステップへ版図を拡大したことにより、質の良い放牧地を利用できるようになったと同時に、新たに手に入れたムラサキウマゴヤシを広範に植えつけできるようになり、馬の群れをさらに強化することができた。

　しかし、中国は馬を自給できるようにはならず、常にステップの遊牧民に頼って軍の乗用馬の供給を維持していた。戦争、情報伝達、輸送用に必要とされる馬は数十万頭、つまり、それだけの群れを維持するには、毎年数万頭の新しい乗用馬が必要だった。この状況は中国を不利な立場に置き、馬の調達元である中央アジアの強国はしばしば、それを逆手に取って、馬と引き換えに大量の絹を事実上、奪い

［上］ユーラシア・ステップ草原地帯の生態地域とユーラシアの文化圏の概略範囲をブルーで示した衛星写真。

［右］乾隆帝の旅に備えて捕獲される清王朝の馬が描かれた18世紀の絹本の細部。

216　　　　　　第9章

シルクロードの生態学

モンゴルの馬帝国

馬は遊牧帝国の始まりを可能にし、その最たるものがモンゴル帝国だった。モンゴル人は北方で最も素晴らしい牧草地の一部を支配し、そこで良質の馬を多数、放牧していたが、何よりも重要なのは、彼らが馬を活用して自分たちの社会を支え、戦争をするすべを心得ていたことだ。

遊牧民と彼らの乗用馬との密接な関係は、騎兵戦を制するうえで重要な要素だった。子どもたちは幼いころから乗馬と弓の使い方を学んだ。馬に乗って狩りをする訓練は、全力疾走しながら正確に矢を放つといった技能を磨くことにつながった。この優れた馬術は、モンゴル人には極めて高い機動力があり、敵を困惑させる側面攻撃や囲い込みを仕掛ける能力があることを意味した。ライバルの弓の射程が50m前後だったのに対して、モンゴル人の合成弓の射程は約75m、これはモンゴル人にとって著しい利点だった。

モンゴルの馬はとくに大きかったわけではないが、丈夫で、食べ物や水が乏しくとも、ばてることなく長い距離を移動できた。そして、これが重要なのだが、しばしばステップの一面を覆う氷雪の下から食べ物を見つけられる能力のおかげで、厳しい冬を乗り切ることができたのだ。軍事作戦のあいだ、モンゴル人は主力の軍馬だけでなく、予備の馬を数頭連れて行くのが普通で、予備の馬は、酷使された主力馬に休息を与えるために用いられた。このやり方は、騎馬隊のより迅速な移動を可能にし、乗用馬の元気を保つうえで役に立った。予備の乗用馬は、必要とあらば食用として使われることさえあった。ただし、その地域に使える放牧地があるかどうかで、騎馬隊の規模やそこで費やせる時間が制約を受けるため、遊牧民の馬への依存は、軍隊の効力を制限するひとつの要因となった。

[上]13世紀の合成弓を構えるモンゴルの馬上の射手。騎射術はステップの人々の大きな利点となり、彼らは機動力と優れた馬術を駆使して敵を圧倒した。モンゴルの戦士は、馬が元気を保てるよう、各自、3頭か4頭の乗用馬を飼うのが常だった。

血のような汗を流す馬

「血のような汗を流す」馬の話は非現実的に聞こえるかもしれないが、物語にはどうやら真実があるようだ。中央アジアの馬にはたいがい、肩周辺の皮下に穿孔する寄生虫がいて、小さな結節ができている。馬が長時間、懸命に疾走を続けると、結節が破裂して出血し、血の汗が流れているような錯覚を与えるのだ。

[左]フェルガナ産の「血のような汗を流す」馬をかたどった唐代の三彩陶器の小像。威勢がよく、しっかりした強い足と体を持つ汗血馬は、理想的な軍馬だった。

取っていた。良質な乗用馬に対する需要はかくも高かったため、シルクロードの多くの地域で、馬の繁殖は重要な経済活動となった。

中国と同様、インド亜大陸のムガル帝国は、国土が良質な乗用馬を育てるのに適していなかったため、支配を維持するには外国の馬が必要だった。17世紀後半には、中央アジア産の馬が毎年約2万5000頭、インドへ送られ、18世紀にはその数が10万頭に達していた。15世紀から17世紀にかけては、ロシアも中央アジアから出荷される何万頭もの馬に頼って、軍の乗用馬の供給を維持していた。

❖ ラクダ

砂漠の生活に適したさまざまな習性を持つラクダは、シルクロード東端の乾燥地帯を横断したい交易商人にとって、なくてはならない存在だった。というのも、シルクロードはタクラマカン砂漠を通って中国へ、また、言うまでもないが、アラビア半島やモンゴルのゴビ砂漠といった水のない広大な地域へ入っていくからだ。中央アジアの南西部では、こぶがひとつのラクダ（ヒトコブラクダ）が主流だったが、北方や山岳地帯、東部の交易路では、こぶがふたつのラクダ（フタコブラクダ）のほうが一般的だった。

ラクダはごくわずかな食料で生き延びることができる。雑木やいばらの茂みを餌にでき、食べる物がまったくなくても、こぶからエネルギーを引き出して生命を維持できるのだ。また、ラクダはごく少量

の水で生存できることでも知られている。荷物を満載したラクダは、水を飲まずに1週間以上旅することができる。幅広、肉厚の足は、岩の多い道でバランスを保ち、砂に沈むことなく歩くのを助け、長くて濃いまつげ、ふさふさした眉、内側に毛が生えた小さな耳、自由に開閉できる鼻孔は、ほこりや砂が入らないようにするのを助けている。また、ラクダは砂漠環境の極端な温度特性にも耐えることができる。これに関連し、フタコブラクダは、長くて柔らかい冬毛のおかげで高山の峠を越えられるという点

[上]フタコブラクダは、シルクロードの砂漠地帯でも、山岳地帯でも荷物を運ぶ動物として活用でき、ミルクや肉や毛も提供してくれた。

シルクロードの生態学　　219

[上]ヨルダンのワディ・ムーサにあるリトル・ペトラの草原地帯にいるベドウィンのヤギの群れ。遊牧民も商人も、食物や燃料や毛の貴重な供給源であるヤギの移動ルートをたどる傾向があった。

でヒトコブラクダに勝るため、シルクロードの荷役動物としては、ヒトコブラクダより有利だった。

　シルクロードの交易に関して言えば、ラクダは荷車に比べて非常に費用効率が高かった。というのも、荷車のほうは質のいい道や、荷車を引く動物を世話するためのネットワーク、たとえば、給水場所や、飼料が得られる場所へより頻繁に立ち寄れるといったことが求められるからだ。また、ラクダはかなりの量の荷物を運搬でき、その重さはおよそ200kgから250kgと、馬やロバをはるかにしのいでおり、1日に40km移動することができた。

❖ヤギ

　ヤギはあらゆる家畜種の中で最も適応性があり、地理的に広まっている。遊牧民の牧夫たちが初めて中央アジアへ移ってきたそのときから、一緒に旅をしてきた家畜の群れの中にヤギはいたのだろう。そして、シルクロードで家畜を放牧する人たちのあいだで、ヤギは今も一般的な家畜となっている。丈夫で、ほぼ何でもいやがらずに食べるヤギは多目的に利用できる動物で、繊維になる毛や腱、ミノク、肉、皮を提供してくれるほか、糞も燃料になる。

　何千年ものあいだ、ヤギの毛は織物を生産するた

めに利用されてきたが、14世紀もしくは15世紀になってようやく、カシミールヤギのより滑らかで真っ直ぐな長い毛を利用するための産業が創出された。結果として、カシミヤウールは重要な交易品となり、18世紀の終わりにヨーロッパの人々に見出されたあとは、上流階級のあいだでもてはやされるようになり、とりわけ重要度が増していった。

❖ ヤク

パミール高原やヒンドゥー・クシで最も高い峠を越えねばならないとき、交易商人はしばしば金を払ってヤクを借りることを余儀なくされた。「チベット高原の船」と呼ばれるヤクは、大きな荷物を運んで長い距離をしっかり歩いていける能力が高く評価されている。もてあましそうなほど大きな体をしているが、岩だらけの急な坂を乗っていくなら、馬よりヤクのほうが安全だ。それに、高地に順応しているため、空気が薄くなったり、悪天候が近づいてきたりしたときに、ヤクのほうがうまく対応できるのだ。

乾燥させたヤクの糞は、樹木のないチベット高原で唯一利用できる燃料であり、ヤクを利用できることが、チベット高原を植民地化するうえで重要な要素となった可能性があると言われている。ヤクは高脂肪のミルク——これがバターやチーズ、ヨーグルト、ホエーになる——ときには肉、血、脂肪という形で食物となる。バターはランプの灯油として用いられた。ヤクの外皮には、長くて丈夫な上毛があり、これはロープ、テント用の布、荷物用のバッグ、付け毛状の装飾品を作るのに使われた。羊毛のような細い下毛は紡いで糸にし、フェルトや衣服や毛布になった。

❖ 羊

羊の繁殖は、シルクロードに住む多くの遊牧民の主たる経済活動だった。遊牧民は通常、羊、ヤギ、牛、馬が入り交じった状態で家畜を飼っていたが、羊が群れの大半を占めているのが普通で、その数は数万頭に及んだと考えられる。羊は食肉用、採乳用に飼われていただけでなく、羊毛にもなり、羊毛は、それを使った織物や毛とともに、シルクロードの重要な交易品だった。羊毛はフェルトにもなり、遊牧民のテントの裏張りとして断熱材の役割を果たしたほか、衣類（ブーツの裏地を含む）、鞍敷、調度品として利用された。

シルクロードで最も一般的だった品種はカラクール種で、この名は現在のウズベキスタンにあった都市の名に由来する。カラクール種は紀元前1400年ごろ、中央アジアの砂漠地帯で開発され、極めて過酷な生活環境でも生き延びることができる種として知られている。餌をよく探し回って食べるため、普通の羊では生き残れないような辺境の土地でも放牧でき、尾に脂肪を蓄えられる能力のおかげで、わず

［上］チベットのヤクのどっしりした体格と長い毛は、空気の薄い高地に適応して成長した。そのため、ヤクは岩だらけの山道を越えて大きな荷物を運ぶには理想的な動物となった。

［下］カラクール羊は紀元前1400年以来、中央アジアで飼育されてきた。子羊はきつく縮れた巻き毛があることが特徴で、今日ではその柔らかい毛皮が珍重されている。

［次ページ］ネパールのヒマラヤ山脈で、荷物をどっさり積んだヤクの列が、急勾配の狭い道を進んでいく。ヤクは荷役用の動物として活躍しただけでなく、飼い主に肉、ミルク、燃料用の糞も提供した。

シルクロードの生態学

かな食料で生存でき、極端な暑さや寒さにも耐えられる。

❖ 農作物

遊牧民の羊飼いによって東西アジアの最初のつながりが生まれ始めた5000年近く前、彼らは大陸の反対側から栽培植物化した作物を共有するようになった。肥沃な三日月地帯（中東）が原産の小麦と大麦、中国産のキビが、現在のカザフスタンにある古代遊牧民の野営地で発掘されている。これらの交流は、シルクロードの始まりを表すものだ。

シルクロードを通じた植物の移動はさまざまな形を取った。当初の移動は、主として農牧民のあいだで行われた交換だった。遊牧民たちは、食物や栽培種も運んでいったのだろう。それから交易が起こるわけだが、人々のニーズを満たすための交易もあれば、エリート層が切望したぜいたく品や外来品をもたらすための交易もあった。その後、外交上の訪問が行われるようになり、その際、異国の珍しい植物や動物が贈り物や貢ぎ物としてもたらされた。

漢代に「本来の」シルクロードが開通すると、リンゴ、ナシ、サクランボ、プラム、モモ、キュウリ、クルミ、ゴマ、ザクロ、タマネギ、ニンニク、ブドウなど、新しい農作物が一気に中国へ入ってきた。次に交易が大きく開花したのは唐代で、このときは、ホウレンソウ、黒コショウ、ナツメヤシの実、レタス、ヘチマ、スイカ、ピスタチオが中国へ伝えられた。また、南アジアや東南アジアからバナナとマンゴーも到来した。

シルクロードは農耕技術の伝播ルートでもあり、技術は、鋤、大鎌、小鎌、石臼といった道具の形で、また、中国もしくは中央アジアで開発されたと思われる接ぎ木法など、新しい農作物の栽培法に関する知識の形で、そして、シルクロードが通っている乾燥地域の農耕に必要な灌漑技術の形で伝わった。タリム盆地北部のトゥルファン周辺で使用されていた地下灌漑システム「カレーズ」は、おそらく古代ペルシアからシルクロードを介して習得された技術「カナート」（ペルシアで開発されたのは紀元前1千年紀）のトゥルファン版であろう。いずれも、今日まだ使われている技術だ。漢代の中国では、屯田制によってシルクロードの駐屯地が農業コミュニティとしての役割も担っており、そのおかげでタリム盆地に灌漑がもたらされると同時に、穀類、桑の実、麻、ブドウといった農作物がもたらされた。

一般的に、伝統的なオアシスの農民は、小麦、大麦、キビ、アワ、綿花、米が入り交じった形で栽培していた。またカイコを繁殖させ、さまざまな野菜や果物を育て、ワイン用のブドウも栽培していた。穀物は単なる食べ物や交易品だったわけではない。シルクロードの多くの地域で、穀物は一種の通貨にもなっていた。穀物――小麦もそうだが、とくにキビ――は税金の支払いに使われていた。寺院は貢ぎ物として、あるいは仏画の印刷といった活動への支

［下左］中国で栽培品種化された主要生産物、キビは、カザフスタンにある遊牧民の野営地で発掘された。

［下右］ナスとササゲはおそらく中国原産だが、ヘチマは輸入品と考えられている。

［右ページ上］クチャの約6km西にあるキジルガハ烽火台。漢代（紀元前206年～西暦220年）に造られたこの堂々たる建造物は、かつてシルクロード北路のこの場所に古代中国の駐屯地があったことを示している。

［右ページ下］アフリカの原産の植物フジマメは、紀元前2千年紀にインドへ伝わった。

払いとして穀物を受け取り、余剰となった穀物の一部は農民に「貸付」をし、農民はそれを翌年の作付け用の種として使うことがよくあった。

シルクロードを通じた植物の移動がすべて意図的になされたわけではない。雑草もさまざまな交易路を通じて広がった証拠が存在する。たとえばスベリヒユモドキやオオフタバムグラは、おそらくインド洋の交易を通じて南アジアから東南アジアおよび東アフリカへ移動した。

海上交易は一部の地域に長期にわたって大きな影響を与えた。モロコシ、トウジンビエ、シコクビエなどの穀物は、ササゲ、フジマメなどの豆類とともにアフリカからインドへ輸送され、その国の主要生産物の仲間入りをした。海のシルクロードによる交易は、米、緑豆、ゴマ、柑橘類、アジア産のキビ類を東アフリカへもたらし、中世には南アジアや東南アジア産の米、ナス、柑橘類、タロイモ、バナナ、サトウキビなど、一連の新しい農作物がエジプトへもたらされた。と同時に、アラブの交易商人はさまざまな珍しいスパイスのほか、モロコシ、ソバ、ナス、柑橘類、サトウキビ、マンゴーをヨーロッパへ伝えた。

❖ **小麦**
栽培された普通小麦は中東に起源を持ち、後にシルクロードとなる道を通じて中国へ伝わり、北部の乾燥地農業における主要作物になったと考えられてい

シルクロードの生態学

る。原産地から長い道のりを旅しながら、選択的育種を行う農民の助けを借り、小麦はその土地土地の多様な環境に適応した。東へ移動した小麦の場合、農民はより小さな穀粒を作る品種を選択した。全粒を煮るか蒸すかして調理する中国料理にはそのほうが適していたからだ。ヨーロッパ人は伝統的に小麦を挽いて粉にしていたため、西へ移動した小麦は穀粒が大きくなっていった。中国では当初、小麦は貴族のために取っておく上等な食べ物だったが、漢代には水力や動物で動かす臼の発達によって小麦粉の生産が増加し、小麦粉は麺やダンプリングなど、今日の中国北部を代表する料理を作るのに使われた。

❖ アワ、キビ

米と並んで、アワとキビは中国で栽培されている最も古い穀物と思われる。どちらもそこで——キビは紀元前8000年ごろ、アワは紀元前6500年ごろ——栽培種となった。アワやキビは高温で乾燥した気候でよく育つ。生長が速く、干ばつに強いため、定住農民および遊牧農民が中央アジアで栽培するのによく適しており、辺境の農業地域で低リスク、低投資で栽培できる作物となった。アワとキビはアルコールの醸造にも用いられた。

❖ 麻

麻は中国に生育する最古の作物のひとつで、約5000年前に栽培品種化された。通常、種子作物として栽培され、10世紀まで中国の主食だった。この植物は伝統薬としても使われており、繊維は紙を作ったり、糸を紡いだり、布を織ったりするために使われた。初期の中国社会では、麻の織物が主な衣服だった。唐代には、麻がシルクロードを通じて広く取引されていた。

❖ 綿

シルクロードを西へ向かう交易で中国の絹が重要視されていたことは言うまでもないが、東へ向かう交易ではインドの綿織物も重要だった。インドの綿製品は西暦1世紀に入って間もなく、中国の西域に伝わり、4世紀か5世紀には、そこで綿が生産されていた。中国が綿や綿布の大量栽培、大量生産を行うようになったのは、13世紀後半から14世紀初頭にかけてのことだが、そのころになってもインド綿の輸入が続いていたのは、ひとつには、中国で栽培された綿の品種がインドの品種より劣っていたからだ。

数世紀にわたり、インド綿は海のシルクロードを通じたインド洋交易で優位を占めていた。インドの綿布は古代ローマで非常に人気があった。中国の絹と同じくらい珍重され、ローマの交易商人は紅海沿岸の港から大量にインド綿を買いつけていた。

❖ ムラサキウマゴヤシ

マメ科の仲間であるムラサキウマゴヤシ（またはルーサン）は、動物の飼料としてのみ栽培されていた最古の作物だ。もともとはアジア南西部の山岳地帯に見られ、おそらく9000年ほど前に現在のイランで栽培植物化したと思われる。動物飼料としてムラサキウマゴヤシが普及したのは、収穫量が高く、栄養価も高かった——高タンパクで消化が非常に良い——ことに由来する。紀元前130年ごろ、フェルガナ盆地を旅した中国の使節、張騫は、そこにいた強壮な馬だけでなく、質の高い飼料、ムラサキウマゴヤシにも注目した。西域への長旅を終えた張騫が（ブドウ、ザクロ、クルミ、コリアンダー、アマの種とともに

[上左] アワやキビは小粒の種子をつける草で、生長が速く、干ばつに強い。ここは中国海南島の畑。

[上右] 麻は現存する中では最も生長の速い植物のひとつ。繊維は織物や紙を作るのに理想的だった。また、伝統的な漢方薬の中で、麻は重要な役割を果たしていた。

[右ページ] 綿繰り機のような機械装置の発明によって、繊維を引き離してほぐし、洗浄することが楽になったため、綿が広く用いられるようになった。この19世紀の水彩画は、綿繰り（上）と梳綿［綿花の繊維をそろえる工程］（下）を行うインドの労働者を描いている。

シルクロードの生態学

に)ムラサキウマゴヤシの種を漢の朝廷に持ち帰ったとする意見が多いが、張騫はこれらの作物を見たという話をしたのであって、実際に朝廷のために種を調達する任務を担ったのはほかの使節団だった可能性が高いようだ。中国へどのように伝播したかはともかく、ムラサキウマゴヤシは間もなく栽培が開始され、最初は朝廷の庭で、その後、天馬の群れの飼料としてさらに広い範囲で育てられるようになった。

❖ 茶

茶は、商(殷)王朝のころ、中国南西部の雲南省で初めて栽培され、そのころは薬用飲料として煎じられていたと考えられている。西暦200年には、シルクロードを通じて少なくともチベットまでは伝わっていた証拠が存在するが、大規模な交易が行われるようになったのは、唐代になってからのことと考えられている。

19世紀以前の茶は、たいていレンガのような形で売られていた。それは乾燥させて細かく挽いた茶葉を圧縮してレンガ状に成型し、固めてさらに乾燥・熟成させたもの。磚茶はばらばらの状態の茶葉よりかさばらず、ダメージも受けにくかったが、風雨が打ちつける悪天候でも持ち堪えるようにするため、ヤクの皮に縫いつけることもあった。磚茶は物々交換用の一種の通貨として使われることもあった。20世紀の初頭にタクラマカン砂漠の砂から磚茶が頻繁に発掘され、地元の市場で売られていたという事実は、磚茶の保存性を裏づけている。

❖ ブドウ

野生のブドウの木はさまざまな地域で見られるが、食用のブドウやワイン造りに使われる主な品種は近東で生まれ、地中海で栽培品種化された。中央アジアのブドウ栽培はギリシア文化の影響を受けて発達し、ワイン文化はアレクサンドロス大王の軍隊によって北インドや中央アジアへ伝わった。ブドウはオアシスの環境によく適応し、後期青銅器時代にはタリム盆地で広く栽培されていた。

紀元前2世紀に西域を旅していた張騫は、人々がワインを造ったり飲んだりしていることに気づき、その後、中央アジアから中国へブドウの木が伝わった。当初、中国人はブドウを食用にしていただけで、乾燥させて干しブドウにすることもあった。唐代になって、西域のワイン造りが行われていた地域を中国が征服し、ようやく中国でも醸造用のブドウ栽培が発達していった。とはいえ、米、モロコシ、キビ、アワなどの穀物で作られた酒のほうが依然と

して好まれていた。

❖ 桑

桑の木とシルクロード(絹の道)には密接かつ独特な結びつきがある。カイコは一種類の桑、マグワの葉だけを餌とし、1kgの絹糸を生産するには200kgの葉が必要となる。絹が貴重な交易品となり、外交手段となり、事実上の通貨になると、中国の歴代王朝にとって、絹の生産が最重要事項となった。そのため、中国の広範囲に、またシルクロードの多くのオアシス集落も含め、中国の外の地域にも桑の木が植えられるようになった。

❖ リンゴ

世界のリンゴの全品種が共有する共通の祖先が存在する。それは現在のカザフスタンを原産とする野生リンゴだ。このあまり美味しくない形の崩れた中型の果物がシルクロードを通じて東西に伝播するにつれ、落ちた種から木が生長し、ほかの野生リンゴの品種との交雑がなされた。東へ向かった交雑種は、現在の中国で栽培されている柔らかい生食用リンゴの原種となった。西へ向かった交雑種は、小粒で酸

［上］紀元前2世紀に中央アジアでブドウの木の栽培が行われた後、中国でブドウ栽培が普及した。

［下］中国のダイオウは何世紀にもわたり、薬用として使われてきた。乾燥させた根茎は挽いて黄色い粉末にされ、漢方薬として服用された。

味の強いリンゴと交配され、最終的に、現在の西洋人に愛されているシャキシャキした甘いリンゴとなった。

❖ ダイオウ

ダイオウにはいくつかの異なる種があり、それらはすべて、東アジアの広い地域を原産としている。中国西部の山岳地帯で見られる一種は、早くも紀元前2700年に薬用として、中国人が栽培していた。ダイオウの根茎は下剤として重用されたが、実に多種多様な病気の薬としても処方されていた。実際、すりつぶしたダイオウの根茎は当時、最も強力かつ有用な薬のひとつと見なされ、西洋が輸入した最初の漢方薬のひとつとなった。

西暦1世紀から5世紀にかけて、ササン朝がシルクロードのダイオウ交易を支配していたが、交易がきちんと確立されたのは、13世紀から14世紀にかけてのことだった。15世紀にはサマルカンドのティムール朝がイスラム世界、北アフリカ、ヨーロッパへの主たるダイオウ供給者となっており、毎年約500トンの中国産ダイオウが大きな交易都市に輸入されていた。17世紀から18世紀にかけて、中国のダイオウは世界で最も卓越した薬用植物のひとつとなった。これを用いた薬は非常にもてはやされ、アヘンの3倍の値がついていた。

❖ 病気

人が行くところ、病気がついてくる。長距離交易の厄介な副作用のひとつは病気の蔓延だった。交易商人はシルクロードを行き来しながら、黒死病、はしか、天然痘、ジフテリア、ハンセン病、そしておそらくは炭疽を含む多くの感染症の媒介役となった。

いくつかの要因が組み合わさり、シルクロードを通じた病気の伝播に拍車がかかった。農業の発達により、畑の家畜であれ、穀物貯蔵庫のネズミであれ、人は以前よりも動物と密接に接触するようになり、病気が種の垣根を飛び越える可能性が高まった。だが衛生状態も治療もごく初歩的なものだったため、病気の蔓延を食い止める役にはほとんど立たなかった。また、こうした病気の多くは、シルクロードの住人にとって未体験であったため、生まれながらに備わっている免疫はないに等しかった。さらに、人々は市場やキャラバン・サライで四六時中、大人数で集まるため、病気が感染する機会を増やしていた。そして言うまでもないが、長距離を移動する交易商人が病気の蔓延を早め、交易がなけれ

[下]『トッゲンブルクの聖書 Toggenburg Bible』（1411年）のこの挿絵に描かれた病気は、一般的にペストと考えられている。しかし、腫れや水疱の位置は天然痘のほうと一致する（ペスト患者の場合、通常、症状は鼠径部とわきの下にのみ発現する）。

[次ページ] 天然痘はシルクロードを通じて伝播した多くの深刻な病気のうちのひとつ。この17世紀のトルコの細密画は、天然痘にかかった患者に薬を用意する様が描かれている。

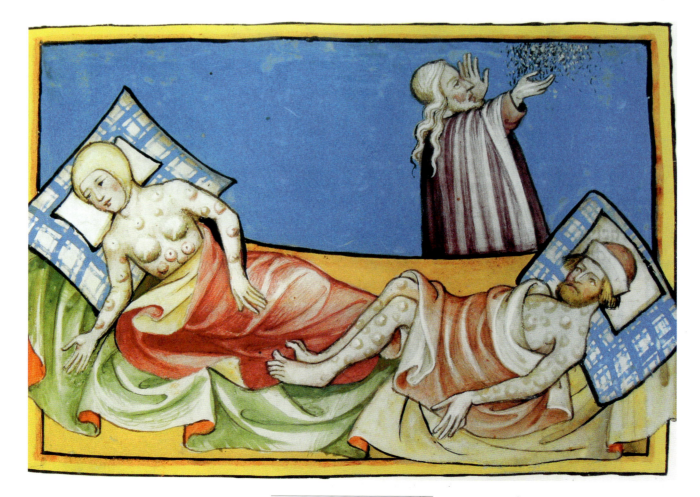

シルクロードの生態学

ば孤立していた地域社会に病原体をもたらす可能性があった。

　これは人間の病気に限ったことではなかった。家畜の病気に関しても、交易キャラバンや遊牧民が連れている動物の群れが、小さな農村に壊滅的被害をもたらしかねない病原菌のキャリアとなったのだろう。炭疽はそのようにして広まったと思われる。農作物の病気もシルクロードの交易に便乗した。たとえば、中東もしくは北アフリカに起源を持つオオムギ斑葉モザイク病のウイルスは、中世末期に歴史的な交易路を通じて東アジアに広まった。同様に、リンゴ黒星病はまず中央アジアで発生し、それからシルクロードを通ってヨーロッパに伝わった。

　これはシルクロードの陸路に限った話でもなく、海の交易路も病気の拡大に関与していた。たとえば、ハンセン病は中央アジアからの陸路と、広州や寧波の港を通る海路の両方を経由して中国に入ったと考えられている。天然痘も、海路と陸路、双方のシルクロードを経由してユーラシアに広まったと考えられている。興味深いことに、人痘接種法として知られるこの病気の撲滅法――近代的な予防接種の先駆けとなった方法で、病気に対する免疫を与えるため、天然痘患者のかさぶたをすりつぶして粉にしたものを健康な人の鼻孔に吹き込む方法――もまた、シルクロードを通じて広まった。15世紀に中国で最初に開発されたこの技術はやがてトルコに到達した。そしてオスマン帝国駐在のイギリス大使夫人、レディー・メアリー・ウォートリー・モンタギューがこれに注目し、その後、人痘接種法を本国に紹介した。

　シルクロードを通じて運ばれた病気が流行し、社会や帝国に重大な、そして多くの場合、壊滅的な影響を与えることがあった。たとえば、165年から180年にかけて蔓延した「アントニヌスの疫病」によって、ローマ帝国は人口の約1割を失い、インド洋におけるインドの交易関係にも深刻な影響が及び、これが帝国の崩壊を早めた可能性もある。この疫病の原因はよくわかっていない。はしかと天然痘、両方が原因だったと言われているが、後者が犯人だった可能性が高い。

　249年から262年にかけて、ローマ帝国は再び病気の大流行に見舞われた。いわゆる「キュプリアヌスの疫病」の原因も不明だが、天然痘、インフルエンザ、エボラウイルスに似たウイルス性出血熱のどれもが原因として考えられ、流行のピークには1日

［右］165年から180年にかけて蔓延した「アントニヌスの疫病」により、500万人もの人々が亡くなった。

シルクロードの生態学

5000人がローマで亡くなったと言われている。

そして6世紀から8世紀にかけてはビザンティン帝国が——腺ペストの最初の記録となる——「ユスティニアヌスの疫病」に倒れ、2世紀にわたる再発が繰り返された結果、推定2500万から5000万人の人々が死亡した。この病気はおそらくインドか中国のいずれかで発生し、商船に積み込まれたクマネズミにたかっていたノミに感染し、海のシルクロードを通ってエチオピア経由でコンスタンティノープルへ運ばれたと考えられている。

しかし、シルクロードを襲い、感染経路として利用し、最も破壊的な大流行となったのは黒死病だった。これは、主に感染したノミによって広がる細菌性の疾患、腺ペストが引き起こした大流行だ。中央アジアのステップで発生したペストは、その後シルクロードを通って、クリミア半島のカッファ(現在のフェオドシヤ)と呼ばれる都市にあったイタリアの交易所へ伝播したと考えられている。1346年の秋、当時カッファを包囲していたモンゴル人のあいだでペストが発生し、その後、疫病はカッファの町へ入り込んでいった(実際にはモンゴル軍が住民に感染させるため、感染した死体を城壁の向こうに投げ込んだ)。翌春、イタリアの商人たちは船でカッファから逃げ出した。その船が、ペストに感染したノミを運ぶクマネ

[上]カッファのモンゴル軍は、ペストで死んだ者の遺体を城壁の向こうに投げ込み、中の住民に感染させようとした。

シルクロード病

再発性の目の炎症、口腔潰瘍、性器潰瘍の3症状として現れる多系統性自己免疫疾患、ベーチェット病。2500年前にヒポクラテスが初めてこの病について記している。しかし、病気がきちんと「発見」されたのは20世紀になってからのことで、1937年にトルコの皮膚科医、フルス・ベーチェットがこの病気を認識し、報告した。ベーチェット病は世界的に分布しているが、歴史的に有名なシルクロード周辺の住人に多く見られることから、シルクロード病とも呼ばれている。有病率は、ほかのどの国よりもトルコが高く、およそ250人にひとりがベーチェット病にかかっている。

病気に対する感受性には遺伝的要素があると思われ、おそらくそれがシルクロードに沿って伝播したのだろう。だが病気の起源や移動した方向についてはまだわかっていない。ベーチェット病が興味深いのは、伝播したのが病気そのものではなく、感受性の増大であるからだ。つまりこれは、病原性の伝播というより、遺伝子が変化したケースということになる。

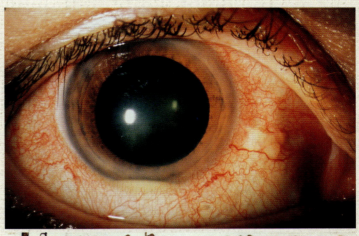

[上]ベーチェット症候群は、目や口の炎症、性器の痛みを引き起こす。最悪の場合、患者は目が見えなくなる。

[下]黒死病(腺ペスト)は中国で発生し、シルクロードを通じて広がり、14世紀の半ばにはヨーロッパに到達していたと考えられる。黒死病は何億という人々の命を奪い、世界の人口を激減させた。

ズミを運んでいったのだ。これらの船はいくつかの港に寄港した後、故郷であるジェノヴァやヴェネツィアへ戻ってきた。ペストはこれらの各交易拠点からさらに拡大し、北アフリカと中東へ、そしてヨーロッパ全域へと伝播した。

最初の大流行は1350年代に発生したが、ペストは数世紀にわたり、数世代ごとに再発を続けた。総死亡者数の推計には幅があるが、5000万人が暮らすヨーロッパ地域で、人口の6割が死亡した可能性があり、ユーラシア全体の犠牲者数は、7500万から2億人に達したと考えられている。黒死病はそれ以前の流行病と同様、病気に冒された社会に壊滅的衝撃を与え、その結果、一連の宗教的、社会的、経済的混乱がもたらされ、ユーラシアの歴史の経過に計り知れない影響を及ぼすことになった。

近代になって、古代のシルクロードは再び病気の感染経路となっている。シルクロードと重なる陸路の麻薬密売ルートが、アフガニスタンと中央アジアの旧ソ連諸国を、中国、ロシア、西ヨーロッパと結びつけている。研究によると、HIVとC型肝炎がこれらのルートを通って広まっている。

10 シルクロードの美術

シルクロードの美術

シルクロードを通じた知恵や知識の伝播を最もよく象徴しているのは、数世紀にわたり、美術の様式やモティーフが頻繁に共有されてきたことかもしれない。古代ギリシア、イラン、インド、中国の芸術様式の相互に作用し合ってきたことは、絵画や壁画、彫像や磁器やガラス、織物（絹、絨毯、敷物のモティーフとして）、翡翠の彫刻、金属細工に至るまで、あらゆるものに顕著に表れている。ある芸術的伝統がユーラシアに広がるたびに、その伝統はその地方、その地域の特徴を帯びるようになり、さまざまな様式の複雑な取り合わせが生まれた。

伝統的交易路を通じた美術形式や美術テクニックの移動は、知恵や知識、技術、そして最も重要と思われる宗教的信仰の交換と密接に関連していた。シルクロード美術のかなりの部分は元来、宗教的なもので、仏教とイスラム教の信仰美術に重きが置かれており、このふたつはシルクロードのさまざまな支線が通る地域で最も広く信仰されている宗教だった。

ギリシア風の仏教美術は、おそらくこうした芸術の相互作用が最も鮮明に表われた例のひとつだろう。仏像彫刻はシルクロードに沿って、イランから中国、韓国、日本に至る広い範囲に、点在しているのがわかる。紀元前1千年紀の終わりにかけて、インドからアフガニスタンへと広まった仏教は、アレクサンドロス大王軍が遺した土地、とりわけガンダーラ地方（現代のパキスタン北部）に伝わった。やがて地元の仏教美術は、極めて写実的な肖像画法、かすかにほほ笑んだ顔を好む傾向、腰を押し出して立つ独特の姿勢など、伝統的なギリシア彫刻の要素を帯びるようになった。ガンダーラ美術として知られるこのギリシア風の仏教様式は、中央アジアの全域で芸術にさまざまな影響を及ぼした。その典型例は、アフガニスタン、バーミヤン渓谷の巨大な大仏立像だが、2001年にタリバンのイスラム原理主義者によって破壊されてしまった。ガンダーラ様式は唐代に中国へ到達し、そこで仏教と世俗、双方の彫刻を変容させ、写実主義が顕著になっていった。

仏教美術は中国の風景画やペルシアの細密画にも影響を与えた。仏陀の生涯のさまざまな場面を大き

［下］アフガニスタン、バーミヤン渓谷の巨大な大仏はガンダーラ美術の典型例だったが、2001年、タリバンのイスラム原理主義者によって破壊された。

238　　　第10章

な壁画に描いていた画家たちは、背景となる山水を描くための決まりごとを作るようになり、後に、それは中国の世俗の画家たちに取り入れられた。これと同じ決まりごと——山の尾根に描かれる木々のシルエット、山々を重ねて描く表現方法、雲や火の描き方など——は西方へも伝わり、14世紀から16世紀にかけて、ペルシアの彩色本に用いられた細密画にその例を見ることができる。また、キリスト教美術とは決して切り離せない象徴である後光は、5世紀に仏教とペルシアの絵画芸術を介してビザンティ

［上］ガンダーラのギリシア風仏教美術のレリーフに描かれた仏陀と4人の人物。顔、髪型、ひだを寄せた衣に古代ギリシア文化の影響が顕著に表れている。

［下］この円形の花紋様が描かれた唐代の絹の断片のように、織物のデザイン的特徴は、シルクロードのさまざまな文化の影響を受けていた。

シルクロードの美術

ン世界に伝わった。後光は、莫高窟の壁画、ペルシアの王や神の表現、ムガル人の本の彩飾、クシャン朝の硬貨に見ることができる。

ギリシア美術のほかの側面もまた、広く伝播した。西暦2世紀には、ギリシア美術のモティーフである花の渦巻きがヘレニズム地域からタリム盆地へと進出し、4世紀から6世紀にかけて、中国の陶芸家に採用された。さらに、ヘラクレスやボレアスといったギリシアの神々が、仏教の神々を描写する際の基礎としてよく用いられた。

8世紀の初めに始まったシルクロードのイスラム化により、新たな芸術的影響が波のように押し寄せた。イスラム教では人や動物を表現することが禁じられていたため、イスラム美術はカリグラフィー（書道）のモティーフや幾何学的モティーフのほか、「アラベスク」として知られる、絡み合う巻きひげ模様など、非具象的な美術モティーフに重きを置く傾向があった。これらのモティーフはすべて、絨毯やモスクの施釉タイルの細工に表れていた。1千年紀の終わりにかけて、イスラム帝国のアッバース朝が

小国へと分裂を始めると、それぞれの国が独自の美術様式を発展させた。

織物は、スタイルやモティーフや技術がシルクロードを通じて東西へ伝わったもうひとつの芸術形

［上］（現在のウズベキスタンに位置する）ブハラで作られたと思われるソグド人の金色の絹。2匹の動物——この場合獅子——が連珠円の中で向き合うという、ペルシア風の特徴がよく表れている。

［下］この16世紀の磁器の筆置きにはアラビア語の銘があり、中国美術における外来モティーフの影響が示されている。

3羽のウサギの謎

［左］3羽のウサギが描かれた円形モティーフは中国の洞窟寺院で最初に登場し、そのデザインはシルクロードを介して伝播した。「3羽のウサギの窓」と題された写真のモティーフは、ドイツのパーダーボルン大聖堂の中庭にある。

シルクロードを通じて広がったモティーフの中でもとくに不思議なモティーフのひとつは、3羽（場合によっては4羽）のウサギのシンボルだ。特徴としては、3羽のウサギが輪になって、多くの場合、時計回りで追いかけ合っている。シンボルは3回回転対称となっており、1つの耳を2羽のウサギが共有しているため、耳は3つしか見えていない。

このモティーフが最初に使われた例として知られているのは、敦煌近くの莫高窟だ。隋代から唐代にかけて、少なくとも17の洞窟で、天井の中央にこのシンボルが描かれた。いずれも、天井全体を覆うように描かれた天蓋の中心をなしている。しかし、このモティーフが敦煌で生まれたとは考えにくく、メソポタミア、いやおそらくはヘレニズムの世界から来たものが、ソグドやササン朝の旅人を介して広まった可能性が高い。

このイメージはモンゴル時代にさらに広がりを見せた。このシンボルがついた物の例としては、13世紀もしくは14世紀初頭のイランの箱や、ロシア南部で発見された古代イスラム製の聖遺物箱、13世紀モンゴルの金属細工、イランで発見された1281年の銅貨、13世紀の中東および中央アジアの陶器、12世紀イスラムのガラスのメダイヨンが挙げられる。そして中世の終わりごろ、このモティーフはヨーロッパに登場し、キリスト教教会、中でもフランスとドイツの教会で見られるようになったが、最も多く見られたのはイギリスのデヴォン州の教会だった。ほかにも、ウクライナのユダヤ人の墓石や、17世紀から18世紀ドイツのシナゴーグで3羽のウサギが確認されている。このモティーフが何を表しているのか、中央アジアから中世のイギリスへどのように伝わったのかはわかっていないが、ひとつのデザインとしてアジアから伝播し、高価な東洋風の陶磁器、絹、金属細工に取り入れられたと考えられている。

式だ。唐代には、中国の織工がペルシアの典型的な円形模様──多くの場合、連珠円の中で向き合う2匹の動物の図柄──をデザインに組み込むようになった。それは、輸出市場のニーズに応えるためであり、そのスタイルが中国内で人気になっていたからでもあった。あらかじめくくり染めした糸で模様を織り出した生地、イカットは、インドネシアおよびインドで生まれ、ペルシア、中央アジア、中国西部、日本へと伝播した。

芸術的交流の中には、商業的側面を持って行われたものもあった。その土地の芸術家は、交易商人によってもたらされた外国のデザインに影響を受けることが多く、それがスタイルの融合につながった。輸入されたモティーフを輸出向けの商品に取り入

シルクロードの美術　241

れ、受け取る側の好みにアピールする狙いもあったのかもしれない。たとえば中国の陶芸家は、輸出用の磁器に、チューリップ、ザクロ、アラビア書道など、中東で人気のあるモティーフをよく用いていた。その後、そのモティーフは地元で販売する製品に登場するようになるのが常だった。

シルクロードを通じた交易の大部分は、裕福なエリート層が欲しがるぜいたく品の交易という形を取り、外国の美術品はその中でも人気が高いものに数えられていた。そのような作品は頻繁に地元の職人に模倣され、新しい美術様式を生むきっかけとなる可能性を秘めていた。こうした交易は、美術品や芸術的アイデアが伝播する主要形態のひとつだった

が、芸術家自身の移動も重要であったことは言うまでもない。プロの芸術家は、ある国の支配者、宗教施設のほか、裕福なパトロンの依頼を受け、外国で働くことがよくあった。ただし、その移住が芸術家本人の意志によるものではない場合もあった。ティムールが権力を握り、サマルカンドを首都としたとき、彼はサマルカンドを世界で最も美しい都にするべく動きだした。この目的を達成するため、ティムールはアジア各地で暴れ回った際に捕らえた芸術家や職人たちを何千人とサマルカンドに連行した。モンゴル人もまた、中国と中東のあいだで芸術家や美術品を移動させる習慣があった。

[右ページ]即位時のティムールを描いた『ザファルナーマ Zafarnama』すなわち『勝利の書』（1467年）の挿絵。サマルカンドを首都としたとき、ティムールはそこを世界で最も美しい都にするため、アジア各地から芸術家を連れてきた。

染付

染付の歴史は、異文化がシルクロードを行き来し、交流した典型的な例だ。9世紀ごろから、中国の磁器が主に海のシルクロードを経由してイスラム世界へと伝わり始めた。その後間もなく、イスラムの陶工たちが錫釉をかけた壺をコバルトで装飾するようになる。これらの品はコバルトそのものとともに、再び海のシルクロードを主な経路として、イスラム商人の手で中国の沿岸都市に持ち込まれた。13世紀の終わりごろにかけて、中国南部の陶工が白い磁器にコバルトブルーを用いて装飾を施すようになり、それがやがて中東で非常にもてはやされるようになった。そして15世紀の終わりにかけて、トルコの町、イズニックの陶工たちが、イスタンブールのオスマン宮廷の影響を受けたデザインを施した染付様式の陶磁器を作り始めた。

[右]明代にさかのぼるこの染付の壺は、青銅の祭器を模して作られた。コバルトは独特の青色を作るため、中東から輸入された。

シルクロードの美術

莫高窟

　現在の中国甘粛省のオアシス都市、敦煌の約25km南東に位置し、党河を見下ろす東向きの崖に掘られた莫高窟には、世界最大にして最も豊かな仏教美術コレクションが収められている。莫高窟は千仏洞とも呼ばれており、492の石窟に総面積約4万5000平方mに及ぶ壁画が描かれ、2000を超える彩色塑像が安置されている。

　石窟の建設は366年に始まり、14世紀に終わったと考えられている。当初、石窟は仏教徒の隠者が瞑想や礼拝に使うために掘られたものだった。しかし、近くに僧院が設立されたため、巡礼と礼拝の場所として、あらゆる仏教徒に人気となった。僧侶、地元の支配者、外国の高官、中国の皇帝、商人、軍の将校、さらには地元の地域団体といったパトロンたちが金を払って石窟を掘らせ、その内部に壁画を描かせていた(作品の中にパトロン本人の小さな肖像が含まれていることもあった)。壁画を描く前の下準備として、粗い壁面には泥とわらと葦を混ぜたものを塗り、その上を石灰のペーストで覆っていた。そして壁画を描く際には鉱物の顔料(岩絵の具)と金箔や銀箔が使われた。

　これらの石窟には、中国北西部の仏教美術の進化に関する他に類を見ない記録が収められている。壁画の美術様式は、中国、インド、ガンダーラ、トルコ、チベットの影響が融合したもので、さまざまな地域の様式が、程度の差はあれ、時とともに影響を与えてきた。初期の絵には、インドや西域の影響を反映した要素があり、唐代に描かれた絵には、中国の宮廷様式の影響がより強く出ていた。その後、中国が西域の支配権を失うと、敦煌は孤立を深めるようになり、絵は敦煌独自のスタイルを帯びるようになった。

　また、敦煌の壁画には、この地域の仏教信仰が数世紀にわたり、どう変化したかが反映されている。初期の石窟には主にジャータカの物語(仏陀の多数の化身にまつわる物語)の描写が含まれているが、唐代以降の絵では、極楽の場面が登場するようになる。これは、別の次元、すなわち「清浄な国土」に生まれ変わるべく努力することを中心に構築された、いわゆる浄土仏教への転換を反映してのことだった。

　明代にシルクロードの交易が縮小するにつれ、敦煌は徐々に過疎化していったが、石窟には依然として巡礼者や地元の参拝者が訪れていた。その後、19世紀の終わりに西域探検隊がやってくると、敦煌は新たな関心を呼び起こした。1987年、洞窟は世界遺産に登録され、現在は人気の観光地となっている。美術品の大部分はデジタル化して記録されているため、世界のどこからでも見ることができ、将来の物理的腐敗に対して、ある程度の保護にもなっている。

[上]敦煌で発見された875年ごろの絵。ある女性を浄土へと導く菩薩が描かれており、初期に見られたジャータカの描写からの転換を示している。

[左ページ]「砂漠の画廊」と呼ばれることもある敦煌近くの莫高窟には、仏陀や菩薩を描いたこの9世紀の壁画も含め、あらゆる仏教美術が勢ぞろいしている。

シルクロードの美術

シルクロードの復活

2013年、中国の習近平国家主席は、古代のシルクロードを事実上再開する計画を発表した。中国は自国の「一帯一路構想」(一帯一路)によって中国とヨーロッパを結ぶ自由貿易回廊を創設し、グローバリゼーションの新時代の幕開けをしたいと望んでいる。陸路(「一帯」はシルクロード経済ベルト)と海路(「一路」は海上シルクロード)の両方を網羅するというこの計画の目的は、エネルギーおよび輸送インフラ——石油とガスのパイプライン、発電所、道路、鉄道、港湾——の開発への投資を主な手段として、グローバルな貿易関係を改善することにある。

中国と貿易相手国にとっては膨大な利益となり得るだろう。新たな開発の対象となる地域は世界人口の約3分の2を抱え、全世界のGDPの3分の1以上を生み出し、既知のエネルギー埋蔵量の約4分の3を占めている。中国はこの計画によって、2025年までに、提案されたルート上にある国々との追加貿易で、年間2兆5000億ドルを生み出せるようになり、新疆など、発展途上にある国境地域と近隣諸国とを結びつけることで、その地域の経済活性化も促せると期待している。

また、国内ではともに過剰状態にある労働力および鉄鋼、セメントといった産業の生産能力を、国外にインフラを構築することによって輸出したいとの願望も中国の動機となっている。さらに、中国と中央アジア、パキスタンをパイプラインで結ぶ計画が実現すれば、中国の原油輸入の約8割の通過経路であり、敵対する外国勢力の妨害を受けやすいマラッカ海峡の迂回が可能になり、中国のエネルギー安全保障を高めることができる。

だが、成功は決して保証されてはいない。この一帯一路構想は途方もなく大きな事業であり、世界でも類を見ない最大級のインフラ計画だが、多くのプロジェクトが政治的に不安定な地域で行われる予定になっている。物理的な課題も非常に厄介だ。とくに世界最大級の山脈を抱える中央アジアでは、計画されているパイプラインや道路や鉄道をつなぐ接続路の多くが山岳地帯を通る必要があり、問題を難しくしている。

さらに、この構想は非常に費用がかかる。発表された総費用の見積もりは1兆ドルから8兆ドル。アフリカと中央アジアの大がかりなインフラ工事、中国とシンガポールを結ぶ3000kmの高速鉄道を含め、総価格8620億ドルに及ぶ150近くの大規模な一帯一路インフラ・プロジェクトが発表されたり、すでに進行したりしている。最も恩恵をこうむる国のひとつはパキスタンだ。パキスタンでは、620億ドルに相当する新しい道路、橋、火力発電所、風力発電所、工場のほか、「中国・パキスタン経済回廊」の旗印を掲げてまとめられている中国支援のインフラ・プロジェクトがすでに進行している。こうした複合プロジェクトにともない、最大100万件の新しい雇用が創出されると期待されている。また、中国はロシアと協力して「氷上シルクロード」——北極圏を通る新しいふたつの海上貿易ルート——にも取り組んでいる。

この構想は非常に野心的ではあるが、今のところかなり漠然とした構想でもある。一帯一路には公になっている青写真がなく、具体的なスケジュールもなく、全体的な管理や集中管理が日々なされているわけでもない。呼び名が変わったことも、一度ならずあったのだ。また、発表されたプロジェクトの大半はインフラ開発に関連したものだが、一帯一路は定義があまりにも曖昧なため、ファッションショー、コンサート、美術展、大学の提携など、リストには幅広い活動が含まれ、リストの項目は増え続けている。一帯一路構想には、習近平が2013年に発表する前から存在した多数のプロジェクトが含まれているが、非参加国で行う、似たような中国資本のプロジェクトはいくつか除外されている。中国の各省にはそれぞれ独自の一帯一路投資計画がある

[上]習近平国家主席は野心的な一帯一路構想のもと、シルクロードの再開を提案した。完全に実現すれば、世界人口の3分の2近くがつながることになる。

[右ページ上]南西パキスタンのグアダル地区は、中国からの多額の投資を受けている。

[右ページ下]ノヴァヤゼムリャ列島の氷河。中国はロシアと協力して、地球温暖化により可能になった、北極海を通る「氷上シルクロード」を確立しようとしている。成功すれば、両国に今よりはるかに短い貿易ルートを提供することになる。

シルクロードの復活

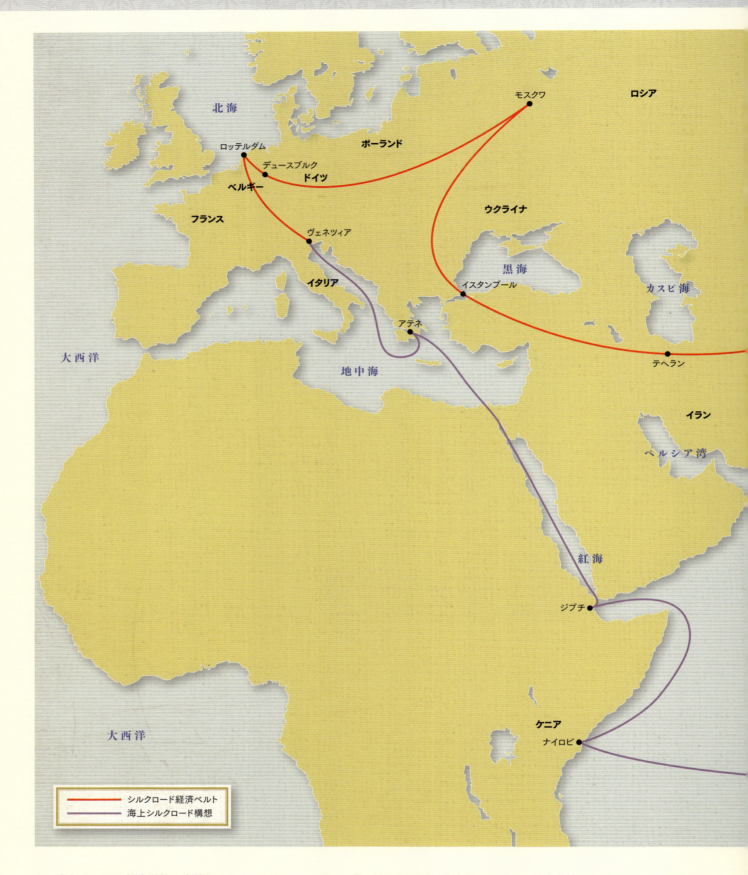

が、参加するには都市単位で申請をしなくてはならない。

ただし、ひとつ明らかなことがある。それは中国が当分のあいだ、この構想に固執するということだ。一帯一路は習近平の代名詞とも言える外交政策プロジェクトであり、中国の憲法にも相当する党規約に一帯一路の推進が盛り込まれている。この構想は中国を再び世界の強国としての地位に就かせる役

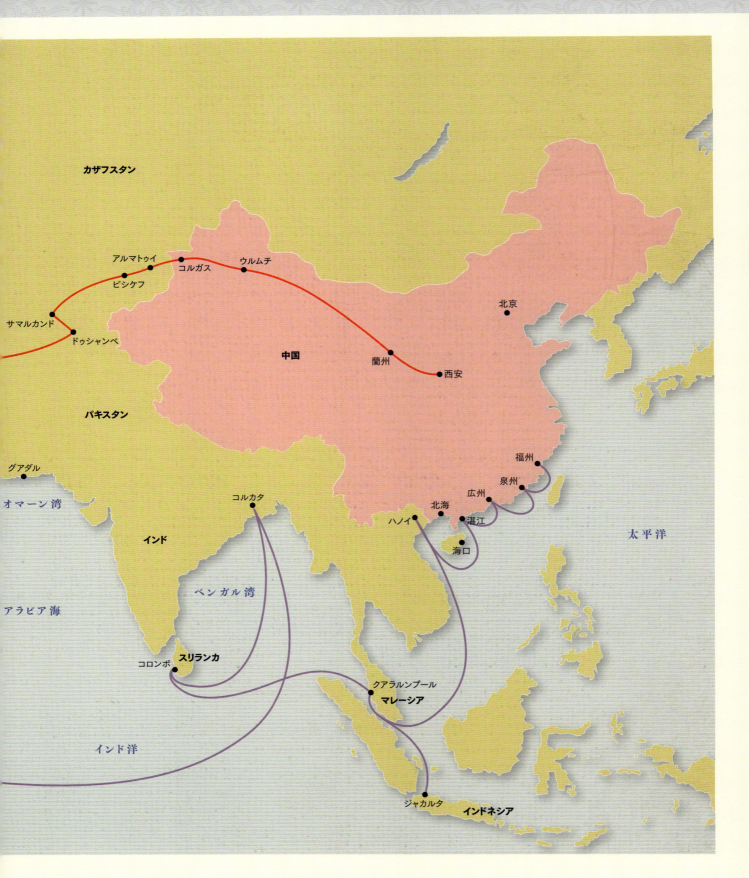

に立つと、習近平が期待していることは明らかだ。構想を推進するべく不断の努力をしているおかげで、どうやらシルクロードはまた新たな黄金時代を迎えようとしている。

［上］ユーラシアおよびその先の国々との連結性向上を意図して策定された中国の一帯一路構想は、現代では最大のグローバル・インフラ・プロジェクトとなっている。

シルクロードの復活

参考文献

- Barisitz, Stephan: *Central Asia and the Silk Road: Economic Rise and Decline over Several Millennia*, Springer, Cham, 2017
- Beckwith, Christopher I. *Empires of the Silk Road: A History of Central Eurasia from the Bronze Age to the Present*, Princeton University Press, Princeton, 2009
- Benjamin, Craig: *The Yuezhi: Origin, Migration and the Conquest of Northern Bactria*, Brepols, Turnhout, 2007
- Boulnois, Luce: *Silk Road: Monks, Warriors and Merchants*, Odyssey Books, Hong Kong, 2003
- Di Cosmo, Nicola: *Ancient China and its Enemies: The Rise of Nomadic Power in East Asian History*, Cambridge University Press, Cambridge, 2002
- Elisseeff, Vadime (Ed.): *The Silk Roads: Highways of Culture and Commerce*, Berghahn Books, New York, 2000
- Elverskog, Johan: *Buddhism and Islam on the Silk Road*, University of Pennsylvania Press, Philadelphia, 2013
- Frankopan, Peter: *The Silk Roads: A New History of the World*, Bloomsbury, London, 2015
- Hansen, Valerie: *The Silk Road: A New History*, Oxford University Press, Oxford, 2015
- Hedin, Sven: *Through Asia, Harper and Brothers*, London, 1899
- Hedin, Sven: *Central Asia and Tibet*, Hurst and Blackett, London, 1903
- Hedin, Sven: *My Life as an Explorer*, National Geographic, Washington D.C., 2003
- Hedin, Sven: *The Silk Road*, Tauris Parke, London, 2009
- Hopkirk, Peter: *Foreign Devils on the Silk Road: The Search for the Lost Treasures of Central Asia*, John Murray, London, 1980
- Knobloch, Edgar: *Treasures of the Great Silk Road*, The History Press, Stroud, 2013
- Kuzmina, E. E.: *The Prehistory of the Silk Road*, University of Pennsylvania Press, Philadelphia, 2008
- Liu, Xinru: *The Silk Road in World History*, Oxford University Press, Oxford, 2010
- Liu, Xinru: *The Silk Roads: A Brief History with Documents*, Palgrave Macmillan, Basingstoke, 2012
- Mair, Victor H. & Hickman, Jane (Eds.): *Reconfiguring the Silk Road: New Research on East-West Exchange in Antiquity*. University of Pennsylvania

Museum of Archaeology and Anthropolgy, Philadelphia, 2014
- McLaughlin, Raoul: *The Roman Empire and the Silk Routes: The Ancient World Economy and the Empires of Parthia, Central Asia and Han China*, Pen & Sword History, Barnsley, 2016
- Miksic, John N.: *Singapore and the Silk Road of the Sea, 1300–1800*, NUS Press, Singapore, 2014
- Millard, James A.: *The Silk Road: A Very Short Introduction*, Oxford University Press, Oxford, 2013
- Miller, Tom: *China's Asian Dream: Empire Building along the New Silk Road*, Zed Books, London, 2017
- Morgan, Joyce & Walters, Conrad: *Journeys on the Silk Road: A Desert Explorer, Buddha's Secret Library, and the Unearthing of the World's Oldest Printed Book*, Lyons Press, Guilford 2012
- Stein, Aurel: *Innermost Asia: Detailed Report of Explorations in Central Asia, Kansu and Eastern Iran*, Clarendon Press, Oxford, 1928
- Stein, Aurel: *Ruins of Desert Cathay: Personal Narrative of Explorations in Central Asia and Westernmost China*, B. Blom, New York, 1968
- Stein, Aurel: *On Ancient Central-Asian Tracks: Brief Narrative of Three Expeditions in Innermost Asia and North-western China*, Macmillan and Co., London, 1933
- Vainker, Shelagh: *Chinese Silk: A Cultural History*, British Museum Press, London, 2004
- Von Le Coq, Albert: *Buried Treasures of Chinese Turkestan*, Oxford University Press (China), Hong Kong, 1985
- Whitfield, Roderick: *Cave Temples of Mogao at Dunhuang: Art and History on the Silk Road*, Getty Publications, Los Angeles, 2015
- Whitfield, Susan: *Life along the Silk Road*, John Murray, London, 1999
- Whitfield, Susan (Ed.): *The Silk Road: Trade, Travel, War and Faith*, Serindia, Chicago, 2004
- Whitfield, Susan: *Silk, Slaves, and Stupas: Material Culture of the Silk Road*, University of California Press, Berkeley, 2018
- Wood, Frances: *The Silk Road: Two Thousand Years in the Heart of Asia*, British Library Publishing Division, London, 2004
- Wriggins, Sally Hovey: *The Silk Road Journey with Xuanzang*, Westview Press, Boulder, 2004

索引

あ
アケメネス朝 014-015, 024, 026, 094, 122, 128, 182, 202
安史の乱 068, 070, 074, 102, 107
アストラハン 116-118, 123, 126
アッコ 178
アッバース朝 059, 062-064, 068, 080, 094-095, 122, 128, 189, 196, 202, 240
アフガニスタン 016, 023, 029, 036, 049, 052, 070, 120-122, 124, 148, 162, 173, 182, 235, 238
アラベスク 240
アルタイ山脈 014, 063, 158
アルブケルケ，アルフォンソ・デ 098-099
アルベラ 024, 028
アルメニア 024, 126, 129, 209
アレクサンドリア 029-031, 036, 045, 082, 083, 086, 092-093
アレクサンドロス大王 015, 028-030, 122, 148, 200, 202, 228, 238
安禄山 062, 068

い
医学 155, 188, 196, 198
イスタンブール 125, 242
イスファハーン 128-129
イスラム教 064, 070, 094, 109, 151, 188, 193, 196, 199-200, 202, 206, 209-211, 238, 240
一帯一路 090, 246, 248-249
イブン・シーナ 198
イブン・バットゥータ 063-064, 082, 094, 122, 128
イワン雷帝 126, 132
インド・グリーク朝 029

う
ヴァスコ・ダ・ガマ 087, 108, 109, 116, 125
ヴェネツィア 081, 091, 235
ウォーナー，ラングドン 141, 157, 159
ウズベキスタン 023
ウマイヤ朝 062-063, 068, 122, 202
海のシルクロード 010, 029, 030, 052, 073, 085, 086, 090-091, 094, 104, 107, 111, 134, 165, 206, 214-215, 225-226, 234, 242
ウラル山脈 020
ウルムチ 157-158
雲南省 039, 109, 228

え
永楽帝 107-109, 120
エカテリーナ大帝 134
エジプト 023-024, 028-031, 034, 049, 058, 063, 087, 090, 092-093, 102, 104-105, 182, 190, 200, 210, 225
エデッサ 024
『エリュトゥラー海案内記』 086, 097, 101

お
オアシス都市 039, 052-053, 124, 135-136, 142, 150, 153, 177, 196, 245
オアシス・ルート 052
オイラート 116, 124, 132
王圓籙 042, 153-154, 157
玉の道 023
王莽 046
楼蘭 044, 141, 145, 150, 152, 177, 188
オスマン帝国 030-031, 058, 063-064, 095, 116, 118, 125-126, 232
音楽 196

か
海禁政策 087, 111
回鶻 074, 075, 210
海上交易 073, 086-087, 090-102, 107-112, 136, 225
霍去病 039
岳飛 072
カザフスタン 132
カシュガル 029, 044, 070, 126, 135, 145, 149, 158, 177, 209
カズヴィーン 178
河西回廊 035
家畜 016, 019-020, 022, 054, 078, 134, 169, 171, 173, 214-215, 220-221, 229, 232
楽器 023, 183, 196
活字印刷 189
カッパドキア 024
カッファ 234
カネシュ 024
カブール 121, 124, 148
火薬 190
カラクム 014
カラコルム山脈 014, 063
カラホージョ 142, 144, 150
カリカット 108
カリフ国家 211
漢王朝 034, 049, 074, 093, 100, 182, 188
汗血馬 037, 214, 219
甘粛 035-036, 074, 124, 133, 171, 177, 245
感染症 229
ガンダーラ 200, 238-239, 245
莞島 112

き
キジルクム 014
絹織物 034, 062, 124, 134, 176, 183, 184
絹の道 140, 214, 228
キプチャク・ハン国 080, 116, 118
キプロス 030-031, 090
喜望峰 030, 087, 108-109, 116
キャフタ 133-135
キャラバン 010, 024, 028, 044, 049-050, 054, 058, 071, 074, 087, 090, 118, 126, 129, 132-135, 140, 168-169, 171, 173, 176-178, 180-182, 196, 200, 205, 210-211, 215, 229, 232
キャラバン・サライ 028, 118, 129, 140, 169, 176-178, 180-181, 196, 200, 211, 229
匈奴 034-037, 039-040, 042, 044-046, 049, 052, 074, 216
玉門関 039-040, 042, 044-045, 150, 153, 177
キリキア 024
キリスト教 054, 058, 081, 155, 185, 200, 206, 209-210, 239, 241
キルギスタン 036, 068, 132, 160, 165, 173
キルクーク 024
近代ツーリズム 162

く
クシャン朝 034-035, 049-050, 052, 240
クチャ 063, 070, 144, 155, 157, 193, 196, 202, 224
鳩摩羅什 193, 196
グレコ・バクトリア王国 029
桑の木 228

け
月氏 034, 036-037, 042, 052
玄奘 149, 152-153, 207
玄宗皇帝 102, 196
乾隆帝 111

こ
ゴア 086, 199
交易キャラバン 028, 126, 132, 135, 200, 205, 215, 232
黄河 035, 074, 205
広州 073, 086, 107-109, 111, 137, 232
光武帝 046
黄文弼 159
香料諸島 091, 092
コーカサス 063, 080, 117, 126, 129, 141, 181, 193
後漢 035, 074
黒死病 063, 080, 083, 116, 229, 234-235
穀物 030, 073, 133, 169, 199, 214, 224-229
国連教育科学文化機関 164
ゴビ 014, 159, 162, 177, 219
小麦 093, 199, 224-226
ゴルディオン 028
コンスタンティノープル 081, 083, 116, 125, 185, 209, 211, 234

崑崙山脈 014

さ

サーマーン朝 070-071, 122
栽培品種 214, 224, 226, 228
蔡倫 189
ザグロス山脈 024
ササン朝 031, 035, 052-053, 058, 062-063, 094, 129, 202, 229, 241
サファヴィー朝 065, 125-126, 129
サマルカンド 023, 068, 070-071, 078, 083, 116-118, 120, 122-124, 126, 135, 158, 162, 169, 171, 177-178, 182, 189, 209, 229, 242
サルディス 024, 028
三国時代 035, 097

し

ジェティス地域 165
始皇帝 034, 040
シベリア道 134, 135
シャー・ルフ・バハードゥル 120
シャイバーニー朝 126
ジャカルタ 111
写本 101, 111, 141, 144-145, 148-149, 153-155, 157-159, 193, 196
ジャライル朝 064, 065
宗教 104, 126, 129, 155, 165, 180, 188, 193, 196, 200, 202, 205-206, 209-211, 235, 238, 242
朱熹 070
朱元璋 083
ジュンガル王国 116, 132, 134
乗用馬 216-219
徐旭生 159
女真族 063, 072-073, 107
織機 184, 190
晋王朝 035, 040
秦王朝 015, 034, 137
新疆 039-040, 044, 068, 124, 134-135, 159, 164, 188, 246
信仰美術 238
清朝 111, 116

す

隋王朝 040, 074
スーサ 024, 028
スタイン，オーレル 042, 140, 145, 148, 150-151, 154, 159, 193
スタイン，マルク・オーレル 148
ステップ・ルート 014, 023, 052
スパイス交易 091, 097-098, 104, 109, 111
スマトラ 081, 093, 098-099
スミルナ 024

せ

西安 034, 074-075
西夏 072
清海鎮 112
製紙 064, 068, 122, 188-189, 198
正統カリフ 058-059, 063
セイロン 081
セルジューク朝 063-064, 122, 128-129
セレウコス朝 015, 029, 034, 046, 049, 058, 093, 202
腺ペスト 234-235

そ

宋王朝 063, 071, 073
蔵経洞 042, 140-141, 148, 152-157, 193, 196
象牙 052, 073, 091, 104, 107, 176
造船 090, 102, 107-111
ソグディアナ 02-024, 029, 036, 068, 122, 177, 182, 209
ソグド人 029, 063, 070, 122, 169, 171, 182, 193, 200, 202, 209-210, 240
染付 242
ゾロアスター教 155, 200, 202, 210

た

ターコイズ 023, 052
大宛 034, 036, 037, 045, 216
隊商都市 118
太宗 062, 071, 209
『大唐西域記』 149, 207
タクラマカン 010, 014, 042, 044-045, 063, 134-135, 140-145, 149, 153, 177, 188, 207, 219, 228
タジキスタン 023, 029, 036, 068, 136, 160, 165, 182
タシケント 123, 135
タタール 132
タリム川 141, 145
タリム盆地 042, 044-046, 062, 070-071, 124-125, 132, 142, 144, 149, 159, 169, 191, 196, 205, 224, 228, 240
タルソス 024
ダレイオス1世 024

ち

知恵の館 064, 196
チグリス川 024, 064-065
チベット人 042, 062
茶 040, 073, 090, 133-136, 142, 144, 189, 196, 199, 214, 228
チャーパール 028
長安 034, 037, 042, 062, 071, 074-075, 102, 165, 177, 196, 207, 209

張騫 034-039, 045-046, 226, 228
朝貢制度 137
チンギス・ハン 063-064, 078, 080, 118

て

鄭成功 112, 113
ティムール 016, 058-059, 064-065, 116-129, 188, 229, 242
鄭和 087
デリー 117-118
デリー・サルタナット 118
天山山脈 014, 070, 134
天然痘 229, 232

と

唐王朝 010, 062-063, 071, 074, 102, 168
東西交易 010, 142, 169
陶磁器 176, 241-242
鄧小平 040-041, 160
トゥルファン王国 042
吐蕃 062, 068, 070, 074-075, 193
トランスオクシアナ 068, 070, 078, 182
トルキスタン 010, 023, 029, 123, 141, 151, 193
トルクメニスタン 016, 160, 162
敦煌 039-040, 042-044, 068, 070, 145, 148, 150, 152-155, 157-159, 169, 177, 193, 196, 241, 245

な

ナバテア王国 054
南道 177
南北交易 169

に

西ローマ帝国 035, 053, 100, 142
ニネヴェ 024
日本 081, 086, 092, 098-099, 108, 111-112, 140-142, 149, 153-154, 159, 185, 196, 206, 238, 241

ね

ネストリウス派 155, 185, 209
ネルチンスク 116, 133

の

農作物 224-225, 232

は

バーミヤン 238
バウアー写本 144
パキスタン 029, 052, 200, 206, 238, 246
バグダード 063-065, 080, 094, 108, 117, 189, 196, 198
バクトリア王国 015, 029
バザール 087, 129, 180, 196, 215

バシコルトスタン共和国 020
莫高窟 042, 151, 153-154, 159, 162, 214, 240, 241, 245
ハットゥサ 024
ハドリアヌス帝 030, 054, 058
バビロン 022, 024
パミール 010, 014, 044, 050, 165, 171, 173, 177, 221
パルティア帝国 015, 058
バルバリコン 052, 086
バルフ 016, 023, 132
パルミラ 052-054, 056, 058-059
ハンセン病 229, 232
班超 046
万里の長城 034, 036, 039-042, 045, 124, 132, 153, 158, 165

ひ
東周王朝 023
東ティムール帝国 016
ビザンティン帝国 030-031, 056, 062, 116, 125, 183, 185, 234
美術品 145, 158, 242, 245
羊 019, 034-045, 073, 145, 182, 214-215, 221, 224
ヒッタイト文明 024
ヒッピー・トレイル 162
ピッラダジス 028
ピョートル大帝 133
肥沃な三日月地帯 224

ふ
ファールス 024, 181
フェニキア 090, 092
フェルガナ−シルダリヤ回廊 165
仏教聖典 193
仏教石窟 042, 150, 165, 193
武帝 034, 037, 039, 044-046, 074, 083, 108, 118, 120, 216
ブドウ 224, 226, 228
プトレマイオス王朝 029-030
プトレマイオス、クラウディオス 050
扶南国 097, 100
ブハラ 068, 070-071, 078, 122-123, 126, 132, 135, 162, 169, 173, 176-177, 182, 240
フビライ・ハン 078-081
ブルクハルト、ヨハン・ルートヴィヒ 054-055
プルジェワリスキー、ニコライ 140, 142, 144
ブワイフ朝 064, 128
フンボルト、アレクサンダー・フォン 140

へ
ベーチェット病 235
北京 080, 118, 132-134, 153

ヘディン、スウェン・アンダース 140-145, 148-151, 159
ベドウィン 054, 220
ペトラ 052, 054-055, 058, 220
ヘラート 120-126
ペリオ、ポール 141, 151, 153, 157, 158
ベルケ・サライ 118
ペルシア帝国 014, 024, 028, 202
ペルセポリス 024, 026, 028, 182
ベレニケ 086, 093, 104, 105
ヘレニズム国家 049, 093

ほ
ホータン 039
ポーロ、マルコ 063-064, 081, 087, 118
北宋 040, 073
北道 177
法顕 206

ま
マエス・ティテイアノス 050
マカオ 109, 111
マシュハド 129
マスカット 086, 094-095
マゼラン、フェルディナンド 087, 111
マニ教 150, 155, 200, 210
マムルーク朝 031, 058, 059
マラッカ 086-087, 091-093, 097-099, 102, 109, 246
マルクス・アウレリウス 052
マレー 091-093, 097-099
満州 041, 071, 132, 134
マンネルヘイム、カール・グスタフ 157

み
貢ぎ物 034, 036, 044, 137, 224
ミュオス・ホルモス 086, 093
明王朝 041, 063, 074, 083, 118, 125

む
ムガル帝国 199, 219
ムスリム商人 211
ムハンマド・シャイバーニー 126

め
メソポタミア 019, 023-024, 029, 035, 049, 052, 058, 093, 102, 126, 141, 190, 196, 215, 241
メッカ 082-083, 117, 210, 211
メディア 024, 046
メルヴ 160, 162, 177
綿織物 073, 134, 226
綿繰り機 226

も
毛沢東 160
木版印刷 189
モスクワ 126, 132, 134

や
ヤギ 220
ヤク 221

ゆ
遊牧民 010, 014, 016, 019-022, 034, 036, 045, 052, 054, 063, 068, 071-072, 078, 118, 126, 132, 134-135, 169, 171, 176, 196, 209-210, 214-216, 218, 220, 221, 224, 232
ユーラシア交易 214
ユーラシア・ステップ 019-020, 132, 142
ユスティニアヌスの疫病 234
ユネスコ世界遺産 164

よ
養蚕 092, 125, 181, 184-185

ら
ラクダ 010, 016, 019, 024, 073, 087, 090, 118, 124, 133, 135, 140, 142, 145, 149, 150, 162, 168-173, 214-215, 219-220
洛陽 042, 046, 052, 071, 074-075, 164-165, 189, 205, 210
羅針盤 087, 107, 188
ラピスラズリ 014, 023, 052
ラピスラズリの道 014, 023

り
陸のシルクロード 010, 086, 090, 102, 107, 125, 134, 199
リスボン 108
リヒトホーフェン、フェルディナント・フォン 140-142
竜涎香 107
劉邦 034
リュディア 024
遼寧 040
料理 188, 199, 226

れ
レーゲル、ヨハン・アルベルト 144

ろ
ロ―ツィー、ラヨシュ 152

わ
倭寇 108

索引

253

図版クレジット

The Publishers would like to acknowledge the following for the use of images in this book.

Key: b= below; l=left; r=right; t= top

Bridgeman Images: 35l (China: Anonymous painting of Cai Wenji and her Xiongnu husband Liu Bao dating from the Southern Song Dynasty (1127–1279)./Pictures from History); 36 (China: Cao Wenji's peripatetic life with the Xiongnu Nomads, 2nd century CE. Her husband, Liu Bao, stands by a camel cart while rolls of felt for the yurt are loaded./Pictures from History); 37 (Tomb figure of a Ferghana horse/Werner Forman Archive); 43 (China: 'Guanyin of the Water Moon', Northern Song Dynasty painted silk scroll, Dunhuang, 968 CE/ Pictures from History); 47 (Chinese general Ban Chao reaches the Caspian Sea (chromolitho), European School, (19th century)/Private Collection/© Look and Learn); 53 (Death of Crassus (litho), English School, (19th century)/Private Collection/ The Stapleton Collection); 58 (Zenobia's last look on Palmyra, 1888 (oil on canvas), Schmalz, Herbert Gustave (1856–1935)/Art Gallery of South Australia, Adelaide, Australia/South Australian Government Grant); 63 (China: Emperor Taizong (Tang Lishimin), 2nd ruler of the Tang Dynasty (r. 626–649)./ Pictures from History); 68 (China: An Lushan (c.703–757), Tang General of Sogdian origin, rebel leader and self-styled Emperor of Yan (756–757)./ Pictures from History); 68–9 (Zhang Yichao, Governor of Western Gansu on Excursion to Fight the Tibetans, Tang Dynasty, 850–907 (wall painting)/Mogao Caves, Dunhuang, Gansu Province, NW China); 82 (Ibn Battuta in Egypt (litho), Benett, Hippolyte Leon (1839-1917)/Private Collection/Photo © Ken Welsh); 83 (China: Emperor Hongwu, 1st ruler of the Ming Dynasty (r. 1368-1398)./ Pictures from History); 92 (Phoenician merchant ship arriving in Pharos, watercolour by Albert Sebille (1874–1953), 20th century/ De Agostini Picture Library); 100b (China: Scenes from 'The Romance of the Three Kingdoms, Wuhou Ci (Wuhou Ancestral or Memorial Hall), Chengdu, Sichuan Province/ Pictures from History/David Henley); 122 (Murals at Afrasiab Palace, Samarkand (UNESCO World Heritage List, 2001), Uzbekistan./De Agostini Picture Library/C. Sappa); 116 (Uzbekistan: A miniature painting depicting the great Central Asian conqueror Timur (Tamerlane), surrounded by his successors and descendants./Pictures from History); 119 (China: Emperor Hongwu, 1st ruler of the Ming Dynasty (r. 1368-1398)./Pictures from History); 136b (Tea-making, from an album of 23 paintings, c.1790 (colour on paper), Chinese School, Qing Dynasty (1644–1912)/Private Collection/Photo © Bonhams, London, UK); 137 (China: Commissioner Lin Zexu (Wade-Giles: Lin Tse-hsu; 1785–1850) overseeing the destruction of opium at Canton (Guangzhou) in 1839/Pictures from History); 140 (German geographer and traveller Ferdinand von Richthofen/ United Archives/Carl Simon); 143 (Street in Urga, illustration from 'Mongolia, the Tangut Country and the Solitudes of Northern Tibet' by Colonel Prejevalsky, english edition, 1876 (engraving), English School, (19th century)/Private Collection); 148 (Stein with his dog, Dash/British Library, London, UK/© British Library Board. All Rights Reserved); 153 (China: Paul Pelliot with the military and civil mandarins of Qumul (Hami) Oasis, Xinjiang (1908)./ Pictures from History); 156 (China: Image of Avalokitesvara from the Mogao Caves, Dunhuang (910 CE)./Pictures from History); 182 (Detail of the relief frieze on the East stairway to the Apadana (audience hall) depicting Sogdian delegates with rams, Achaemenid period, c.515 BC (limestone) (see 117114)/Persepolis, Iran); 183b (China: Tang Dynasty court ladies preparing newly-woven silk, after Zhang Xuan (713–755)./Pictures from History); 188 (China: Fragment of a woven rug from the bruried city of Loulan, Taklamakan Desert, Xinjiang, c.3rd–4th century CE/Pictures from History); 189 (making of paper in China : bamboo pulp is creamed, engraving/Tallandier); 192–3 (Or. 8210/p.2 Section from 'The Diamond Sutra', 868 (ink on paper), Chinese School, (9th century)/British Library, London, UK/© British Library Board. All Rights Reserved); 197 (A huqin and bow, a sheng, a sanxian and a pipa, Chinese instruments from 'Musical Instruments' (coloured litho), Hipkins, Alfred James (1826–1903)/Private Collection/The Stapleton Collection); 198 (Page from the 'Canon of Medicine' by Avicenna (Ibn Sina) (980–1037) (vellum), Islamic School, (14th century)/Biblioteca Estense, Modena, Emilia-Romagna, Italy); 199 (Ms Fr 2810 f.51, Transportation of spices to the west and unloading spices in the east, miniature from Livre des merveilles du monde, c.1410–12 (tempera on vellum), Boucicaut Master, (fl.1390–1430) (and workshop)/Bibliothèque Nationale, Paris, France/De Agostini Picture Library/J. E. Bulloz); 200b (Detail of a relief frieze depicting a seated Buddha with orants, Greco-Buddhist style, from Taxila, Pakistan, 1st–4th century (stone), Pakistani School/Lahore Museum, Lahore, Pakistan); 206 (Sri Lanka/China: A badly faded painting of the Chinese Buddhist monk Faxian at the Pahiyangala Cave, Bulathsinghala, Kalutara District, where Faxian stayed for some months between 405 and 410 CE/Pictures from History); 209 (The Christian missionary Alopen and the Emperor Taizong, China (chromolitho), French School, (19th century)/ Private Collection/© Look and Learn); 211t (Iraq: Merchants in a camel caravan. Reworked miniature from the 'Maqam' or 'Assembly' of Yahya ibn Mahmud al-Wasiti, 1237 CE/Pictures from History); 211b (Turkey/Middle East: Arab astronomers use an astrolabe and a cross-staff to try to determine latitude in an observatory in Constantinople./Pictures from History); 214t (Farmers at Work, Northern Song Dynasty, 960–1279 (wall painting)/Mogao Caves, Dunhuang, Gansu Province, NW China); 214b (Central Asia: Siyah Kalem School, 15th century. Two Turkmen nomads converse beside a grazing horse/Pictures from History); 216–17 (Voyage of Emperor Qianlong (1736–96) detail from a scroll, Qing Dynasty (painted silk)/Musée Guimet, Paris, France); 218 (Mongolia/China: A Mongol horseman with a composite bow, c. 13th century/Pictures from History); 225t (China: The Kizilgah Beacon Tower west of Kuqa, Xinjiang Province/Pictures from History/David Henley); 227 ('Album of Kashmiri trades', c.1860 (w/c on paper), Indian School, (19th century)/British Library, London, UK/© British Library Board. All Rights Reserved); 229 (An illustration of the Black Death from the Toggenburg Bible, 1411, German School, (15th century)/Kupferstichkabinett, Berlin, Germany/ Pictures from History); 230–1 (Preparation of medicines for the treatment of patient suffering from smallpox, miniature from the Canon of medicine,by Avicenna (980–1037),Ottoman manuscript,Turkey,17th century/De Agostini Picture Library/G. Dagli Orti); 235b (Royal 6 E. VI, f.301 Inhabited initial 'C' depicting Plague Victims blessed by a priest, from 'Omne Bonum' by James le Palmer, 1360–75 (vellum), English School, (14th century)/British Library, London, UK/© British Library Board. All Rights Reserved); 239b (China: Fragment of silk depicting a floral medallion, Tang Dynasty (618–907), c. 8th century/Pictures from History); 244 (China: Mural of Buddha and bodhisattvas, Mogao Caves, Dunhuang, Gansu, c. 9th century/Pictures from History);

Getty Images: 4 and 127 (Ann Ronan Pictures/Hulton Archive); 87 (De Agostini Picture Library); 107 (iStock); 133t (MyLoupe); 190 (Florilegius); 194–5 (De Agostini Editorial); 203 (Werner Forman); Mary Evans Picture Library: 117

Metropolitan Museum of Art: 23br (Gift of Ernest Erickson Foundation, 1985); 34 (From the Collection of A. W. Bahr, Purchase, Fletcher Fund, 1947); 62 (Gift of Norbert Schimmel Trust, 1989); 104 (Purchase, Lila Acheson Wallace Gift, The Bothmer Purchase Fund, Malcolm Hewitt Wiener, The Concordia Foundation and Christos G. Bastis Gifts and Marguerite and Frank A. Cosgrove Jr. Fund, 2002); 120 (Purchase by subscription, 1879); 145l (Rogers Fund, 1930); 152 (Gift of Ernest Erickson Foundation, 1985); 155 (Rogers Fund, 1924); 168 (Purchase, Joseph Pulitzer Bequest, 1996); 171 (Purchase, The B.D.G. Leviton Foundation Gift, 1987); 173 (Gift of Florence and Herbert Irving, 2015); 240b (Rogers Fund, 1918).

Public domain: 56tr; 88–9.

Shutterstock: 2–3; 10–11; 12–13, 14–15, 16, 18–19, 19t, 20–1, 22, 23bl, 25t, 26–7, 28, 31, 32–33, 35r, 38, 39, 41, 55, 56–7; 60– 1; 71; 72, 76–7; 79; 81; 84–5; 90; 91; 94; 95; 98; 105t; 108 (both); 110; 112–13; 114–15; 121t; 123; 124; 125; 126; 128; 130–1; 133b; 138–9; 141; 142; 146–7; 150t; 154; 159; 160; 160–1; 162–3; 164; 165; 166–7; 172–3; 174–5; 178–9; 184; 186–7; 191; 200t; 201; 202; 204–05; 208; 212–13; 215; 219b; 220; 221b; 222–3; 224 (both); 225b; 228b; 234; 236–7; 246; 247b.

Science Photo Library: 235t.

Topfoto: 118 (Granger, NYC).

Wikicommons: 17, 24, 29 (both); 44; 45; 46; 48–9; 49r, 50–1; 56tl; 65; 66–7; 70; 75; 78; 80; 86; 93t; 96–7; 99; 101; 102; 102–03; 105b; 106, 109; 111; 113; 121b; 132; 134; 135; 136t; 144; 145; 149 (both); 150b; 151; 157 (both); 158; 169; 170; 171; 176; 177 (both); 180–1; 183t; 185 (both); 196; 207; 210; 216; 219t; 221t; 226 (both); 228t; 232–3; 238; 239t; 240t; 241; 242; 243; 245, 247t.

著者

ジョーディー・トール
Geordie Torr

イングランド、ウィンチェスターを拠点に活動するフリーランスのライ
ター、フォトグラファー。オーストラリアのシドニー大学とジェームス・
クック大学に学んだのち、オーストラリアン・ジオグラフィックおよび、ナ
ショナル・ジオグラフィック・トラヴェラー(オーストラリア／ニュージー
ランド)に勤務。その後、王立地理学会の機関紙「ジオグラフィカル」の編集
者を務めた。

訳者

岡本千晶
Chiaki Okamoto

成蹊大学文学部英米文学科卒業。翻訳家。訳書に、『[フォトミュージアム]
世界の廃墟図鑑』、『[フォトミュージアム]世界の戦争廃墟図鑑』、『世界の甲
冑・武具歴史図鑑』などがある。